2000年前から
ローマの哲人は知っていた

死ぬときに
後悔しない方法

An Ancient Guide to the End of Life

セネカ
Seneca

ジェイムズ・ロム編
天瀬いちか訳

文響社

はじめに

最近の実験で、マジックマッシュルームに含まれるシロシビンという幻覚成分には、**末期がん患者が抱いている「死の恐怖」を大きくやわらげる作用**がある、ということがわかった。

「シロシビンが、**大きな視点で考えれば何も恐れることはない、という気づきをもたらしたのだ**」と、薬理学者のロランド・グリフィスは、２０１６年におこなわれた取材で語っている。[1]

被験者たちは「すべての人、すべてのものは互いにつながっていて、１つの全体として存在している感覚」を経験したという（なかには、幻覚状態になっている途中で臨死体験をした、という被験者もいた）。

一連の実験について、ニューヨーカー誌に記事を書いたマイケル・ポーランの言葉

1）『Scientific American』誌（２０１６年12月1日）

を借りれば、彼らは**「まるで死の予行練習をするように、死を真正面から見つめた」**のである。[2] それは、不気味で恐ろしい経験というよりは、**心を解き放ち、前向きな気分にさせるようなもの**だった。

生まれた瞬間から人は「死」に向かってゆく

「大きな視点で考えれば、何も恐れることはない」――この言葉は、紀元1世紀の中頃に、ルキウス・アンナエウス・セネカがローマ市民に説いた教えによく通じるところがある。

ただし、セネカがこのような真理に至ったのは、幻覚作用を持ったキノコの影響ではなく、ストア派哲学の影響によって、であった。

また「万物は、互いにつながっている」「人は生涯を通じて、常に死の準備をすべきである」といった考え方も、セネカの思想における重要なテーマである。

「道理にかなったものの見方をすれば、生きることは死に向かう旅にすぎず、人は生まれたその瞬間から、日々、死に向かってゆくものだ」というのが、セネカの考えだった。

本書では、セネカが倫理について論じた、８つの作品を抜粋して取り上げる。

セネカはこれらの作品を通じて、**一般的な死、さらには自分自身の死を受け入れることの重要性**を、読者をはじめ、すべての人々に訴えている。

死と真正面から向き合おうとするその姿勢は、当時においてほかに例を見ないものだったが、それは現代においても同様だろう。

「死と向き合う」ベストタイミングはいつか？

「常に死について考えよ」

友人のルキリウスにこう助言したセネカは、自らもこの教えを実践していた。

初期の作品とされる『マルキアへ宛てた慰め』（紀元40年頃）から晩年の傑作『倫理についての書簡集』（紀元60－65年）に至るまで、セネカは繰り返し死について語っているのだが、まったく関係のない文脈でも唐突に死の話題が出てくることから、**その意識のなかには常に死の概念があった**ことがうかがえる。

2）「The Trip Treatment」『The New Yorker』誌（２０１5年2月9日）

たとえば『怒りについて』では、平静な心を保つ大切さを説いている最中に、理性的な判断にもとづく自殺の意義を語り出している。

死について考えるための「5つの視点」

本書のように、セネカの複数の作品を網羅的に分析してみると、その思想が、以下のテーマを軸にして形成されていることがわかる。

1. **死の普遍性**
2. **人生の最後に訪れ、かつ人生に決定的な影響をおよぼす死という経験の意義**
3. **自然の摂理における死の役割**
4. **死によってもたらされる、肉体からの魂の解放**
5. **肉体的な苦痛や隷従《れいじゅう》によって価値を失った人生、あるいは道徳をおびやかす残忍な君主から、自己を解放するための自殺**

とりわけ最後に挙げた「自殺」については、セネカや同時代の読者にとって、特別な意味合いを持っていた。皇帝の命令1つで人の命が奪われ、人生を破滅させられる様子を、当時の人々は頻繁に目にしていたからである。

不安と混乱の時代を生き抜いたセネカの哲学

セネカは哲学者であると同時に、政治の世界にも身を置いていた。

時の皇帝カリグラが精神を病み、不信感を抱いた相手に次々と残虐行為をはたらいた紀元30年代後半には、若くして元老院議員をつとめていた。

40年代のクラウディウスの治世下では、政治的な見せしめとしておこなわれた裁判で死刑を宣告された後、減刑によって、コルシカ島へ追放されている。その後、ローマに呼び戻されると、後に皇帝となる若きネロの教育係に任命された。

50年代から60年代の初期にかけて宮廷に仕えたセネカは、ネロが次第に精神に混乱をきたし、自分の地位に対する脅威とみなした身内に、次々と殺意を抱く姿を目《ま》の当たりにした。

最終的には、セネカ自身もネロの不興を買い、皇帝暗殺計画の共謀容疑をかけられて——おそらく冤罪《えんざい》であった——自殺を命じられた。

紀元65年、セネカが60代のころだった。

古代ローマでは「プリンケプス（第一人者）」がほぼ絶対的な権力をもちつつも、共和政の体裁を保った元首政が約1世紀にわたって続いたが、カリグラの時代には、事実上の専制政治となっていた。

10年以上にわたってネロの近しい相談役をつとめたセネカは、当時の政治体系に大いに貢献し、大きな富を築いた。

この点については、同時代の人々から（そして後世の読者から）の批判もあるが、セネカの哲学的な思索は、宮廷に漂う不穏な空気のなかで、一服の清涼剤のような役目を果たしていた。

ネロの側近をつとめた15年のあいだに、セネカは論考的な文章を出版し続け、**困難な時代を生き抜くために必要な視野の広い人生哲学を、友人や仲間の政治家たちに提供し続けた**のである。

（セネカは韻文による悲劇作品も残しており、その大半が現存している。ただし、散文作品とは性質が大きく異なるため、本書では扱わない）

「幸福」を得る権利は誰もがもっている

当時、ローマにおける多くの政治的指導者がそうであったように、セネカの人生観も、**ストア派の哲学**に大きな影響を受けている。

ストア派とは、古代ギリシアで生まれた哲学の流派で、セネカよりも前の時代にローマに流入し、広く支持されていた。

ストア派では、**徳を守り、自然の本質を考える精神的な高みに至れば、虐げられている奴隷、貧困に苦しむ追放者、拷問にかけられている囚人であっても、幸福を得られる**、という教えを説いていた。

富や社会的地位は「アディアフォラ」、つまり「重要ではないこと」であり、それ自体は幸福も不幸ももたらさない、とされていたのである。

また、ストア派では、宇宙全体を支配し、真の幸福をもたらす神の理性的な力を「ロゴス」と呼び、人間の自由や健康については、それらがあることによってロゴスと調和した考え方や選択をしやすくなる、という一点においてのみ、価値があると考えていた。

したがって、残虐な君主によって個人の自由がおびやかされたり、病魔によって健康が永続的に損なわれたりすることで、**ロゴスとの調和が失われる場合には、生よりも死を選ぶほうが望ましいとされ、自殺や尊厳死が正当化された**のである。

暴君の治世から生まれた「新たな死生観」

ギリシアの先人や、ローマ人の師からストア派の思想を受けついだセネカは、**死のあり方、とりわけ自殺に関する考察を深めることで、ストア派の教義に新たな価値をつけ加えた。**

エピクテトスの『語録』やマルクス・アウレリウスの『自省録』など、ストア派を代表するほかの文章と比較すると、セネカの論考では、**自殺というテーマにかなりの重きが置かれている**のがわかる。

ここで現代の読者が留意すべきは、セネカはローマ史を代表する2人の狂帝に仕え、自らの著作で論じているような自殺を頻繁に目撃していた、ということである。

カリグラやネロだけでなく、ユリウス・クラウディウス朝の歴代皇帝のあいだでは、政敵に自殺するよう命じ、従わなければ処刑して財産を没収する、と脅迫する行為が日常化していた。

セネカは、多くの人々が権力者に強いられて、自ら命を絶つ姿を目にした。その結果、困難な状況や政治的抑圧から自分を解き放つために、死を選ぶべきかどうか、そして、それを実行するのであれば、どのタイミングがふさわしいのか、といった問いについて、ほかのストア派の哲学者たちよりも、強い関心をもって取り組んだのである。

限りある命だからこそ「よい死」を遂げよう

セネカは別の意味でも、単なるストア派の信奉者とは、一線を画していた。ストア派とは対立関係にあった、エピクロス派による「死とは、宇宙の構成要素に分解された後に、新たな『生命』の一部になることだ」という考え方を引き合いに出すこともあれば、人間の魂の不滅性や輪廻《りんね》転生といった、プラトン哲学を彷彿《ほうふつ》とさせる表現を使うこともあった。

人間が死後どうなるかについて、セネカは確固たる考察を残していないが、少なくとも、死後は恐れるようなものではなく、詩人が語る冥界ハデスの怪物や地獄の苦難も、ただの作り話にすぎない、と考えていた。

自らの意志にもとづく自殺についても、セネカは特定の考え方に固執せず、苦痛に満ちた死や処刑を待つより、自ら命を絶つことを選んだ者を肯定的に語ることもあれば、自殺を踏みとどまった者の強い精神力を褒めたたえることもあった。

徳に欠けた生き方をするくらいなら、死を選ぶほうがよい、というのが、セネカの基本的な考え方であった。

一方で、支えるべき家族や友人がいる場合には、この考えは必ずしも当てはまらず、自殺を思いとどまるべき場合もある、と『倫理についての書簡集』で述べている。

（本書には該当箇所を掲載していないが、セネカ自身が、若いころに呼吸器疾患を理由に自殺を考え、年老いた父親のために思いとどまったことがある、と書簡78・第1節で語っている）

現代社会では、たとえ末期疾患に苦しむ患者の場合であっても「死ぬ権利」を語ろうとすれば、議論を避けて通れない。

本書を編集・執筆している現時点（2018年）において、医者による自殺幇助《ほうじょ》や自発的な意志にもとづく安楽死が合法化されている国はごく一部であり、たとえばアメリカ合衆国内でも、50州のうちわずか4つの州だけである。

さらに、これらのほとんどの地域において、法整備が着手されたのはわずか20年以内のことである。

一般的に、安楽死を巡る司法の対応は激しい論争を呼び、反対派は「人間の命の尊厳」を主張の根拠とすることが多い。

ところがセネカの文章を読むと、**人間には「死の尊厳」というものも存在する**のだということに気づかされる。

死ぬ時期や方法を自分で決め、穏やかな気分で最期を迎えるにせよ、（作品中に生々しく描かれているように）自らの手によって、あるいは冷酷非道な敵の手によって息絶えるにせよ、セネカにとっては**「よい死を遂げること」が何よりも重要だった**のである。

「死に方」がその人の「生き方」を決める

セネカの作品では、人が死ぬ場面があまりに頻繁に、かつ、凄惨な描写とともに語られるため、現代の読者のなかには、死にとりつかれた悪趣味な文章だ、と感じる人もいる。

このような読者に対して、セネカならこう切り返すだろう。

「君たちのほうこそ、生きることに執着して、死のもつ重要性から目を逸らしているではないか」

セネカによれば、**死とは、実践から学ぶことのできない唯一の経験**であり、その存在は、人生において非常に大きな役割を担っている。

人が死を迎えるのは一度限りであり、その時は何の前触れもなく訪れる可能性が大きい。だからこそ、あらかじめ死について考え、常に備えておくことが必要不可欠だ、というのである。

「死を学べ」「死に備えよ」「死を練習せよ」――セネカの作品で、たえず繰り返されるこれらの言葉は、死に対する病的な執着から出てきたものではない。

むしろ、**人生の最後に訪れる死との向き合い方が、人の生き様を大きく左右する、という気づき**から発せられた言葉なのである。

本書のもととなっている作品の1つ『人生の短さについて』には、次のような1節が登場する。

「一生をかけて、生きることを学ばなくてはならない。そして――君はさらに驚くだろうが――**一生をかけて、死ぬことを学ばなくてはならない**」［7章3節］

本書では、セネカの作品のなかでも、死というテーマが存在感を放っている、8つの散文作品の一部を抜粋して、紹介する。

四半世紀にわたって書かれたこれらの文章は、まさに「死を学ぶ」という自らの教えを実践しようとする、セネカ自身の試みのあらわれである。

2000年前からローマの哲人は知っていた　死ぬときに後悔しない方法　**目次**

第2巻 恐れを手放す

第3巻

未練を残さない

第4巻 苦しみを断ち切る

第5巻 宇宙の視点から考える

エピローグ 「哲学」を貫いて死ぬ

※本文中の「…」は中略箇所を示しています

心構えをする

第1巻

セネカの散文作品における最高傑作『倫理についての書簡集』は、親友のルキリウスに宛てた手紙をまとめた書簡集である。この作品が書かれた当時（紀元63－65年）、ルキリウスの年齢はセネカと同じく60代だったとされている。

死の概念や死のあり方は、2人のやりとりの主要なテーマであり、たとえば書簡30、70、77、93、101では、ほぼ全編を通じて死について語られている（以上の書簡は、本書に一部もしくは全文を掲載している。全文が掲載されている場合には、手紙の書き出しや結びの挨拶が含まれているので、参考にしてほしい）。

書簡の冒頭では、たいてい友人のお見舞いのようなセネカの日常の出来事や、以下に抜粋した1節のように、読書中にセネカの頭に浮かんだ考えなどが語られる。

『倫理についての書簡集』は、親しい友人への私信という形式をとってはいるものの、1つの作品として出版するために書かれた文章であり、文章中の二人称「君」はルキリウスだけでなく、ローマ市民、さらには人間全体を指している場合もある。

日頃から「いかにして死ぬか」を考えよ

哲学者エピクロスは、こう言っている――**「死について繰り返し考えよ」**と。

もう少しわかりやすく表現するなら「死に方について学ぶことはすばらしい」とも言えるだろう。

たった一度しか経験しない死について考えるなど、無意味である、と君は思うかもしれない。しかし、**たった一度しか経験しないことだからこそ、事前によく考えておく必要がある**のだ。

過去の経験から学ぶことができない事柄については、常に心構えをしておかねばならない。

「死について深く考えよ」と述べるエピクロスは、とどのつまり「自分を解放することを考えよ」と説いているのだ。

いかにして死すべきかを心得た者とは、人に服従する「奴隷の心」を捨て去り、あらゆる権力の支配を超えた、高みにいる者である。

そのような人間にとって、牢獄《ろうごく》や、看守や、牢屋の閂《かんぬき》が、いったい何だというのか？　自由への扉は、目の前にあるのだ。

我々を縛りつけている鎖は、ただ1つ、生きることへの愛着である。たとえそれを手放せないとしても、減らしていくようにすべきだ。

そうすれば、しかるべき時が訪れても、未練にとらわれたり、覚悟を邪魔されたりせずに、なすべきことを直ちになせるだろう。

［『倫理についての書簡集』書簡26・第8－10節］

以下に抜粋した書簡では、公職を離れて隠居生活を始めた友人に向けて、どのようなアドバイスをすればよいか、セネカがルキリウスに助言している。

もし、その友人がパルティアに生まれていたならば、赤ん坊のうちから弓を握っていただろう。

ゲルマニアに生まれていたならば、幼いうちから槍《やり》を振りまわしていただろう。

もし、我々の先祖の時代に生きていたならば、馬にまたがり、白兵戦[3]で敵を倒す術《すべ》を身につけていただろう。

どの民族にも、それがよしとされ、課せられている訓練がある。

では、君の友人は、いったい何の訓練をすべきだろうか？

あらゆる武器、あらゆる敵を前にして役立つ術、それは、死を恐れぬ態度である。

誰しも理解できることだろうが、死には、何かそれ自体に恐怖を感じさせるものがある。

人間の心は、自然の摂理によって自分を愛するように作られているため、死を前にすると、動揺してしまう。

もし、死が恐ろしいものでなければ、わざわざ心構えをしたり、気丈さを保ったりしようとする必要もないだろうし、自分を守る本能のように、反射的に死を受け入れることができるだろう。

いざという時に、いばらの上でも眠れるように、と訓練をする者などいない。しかし、拷問に耐えて信念を貫いたり、傷の痛みを我慢しながら、槍に寄りかからずに夜通し見張りをしたりするには、心を鍛えなくてはならない。眠りとは、何かに寄りか

3) 兵士たちが刀・剣・槍などを手にして至近距離でおこなう戦闘。

かって頼ろうとする者に忍び寄るものなのだ。［…］

死とは「滅び」ではなく1つの「変化」である

長生きをしたい、という思いが捨て難いのならば、こう考えてみるとよい。

君の視界から姿を消すものは、消滅してしまうのではなく、それが生まれ出てきた——そして、すぐにまたそこから生まれ出てくる——自然へと還《かえ》ってゆくのだ、と。

生きている状態ではなくなっても、それが消え去ってしまうわけではない。

我々は、死を恐れて敬遠しようとするが、死とは、1つの生が区切りを迎えることであり、生命そのものが無に還るわけではない。死んでいった者は、やがていつの日か、この世の光のなかに戻されるのだ。[4]

もちろん、過去の記憶が消されない限り、この世に戻ってくるのは嫌だ、という者もたくさんいるだろう。

いずれ詳しく話すつもりだが、**滅びると思っているものは、どれも実際には「変化」しているだけにすぎない。我々もこの世にふたたび戻ってくるのだから、堂々と立ち去ればよいのだ。**

万物が巡り巡って移り変わる様子をよく見てみれば、この宇宙には消えてなくなるものなど存在せず、すべてが栄枯盛衰を繰り返していることがわかるだろう。ひと夏が通り過ぎても、1年後には新たな夏がやって来る。ひと冬が去って行っても、月日の流れが同じ季節を運んでくる。夜の闇が太陽を覆い隠しても、すぐにまた、日の光がそれを追い払う。方々を動きまわっているように見える星々も、実際には同じ軌道をなぞっている。空には、常に上のほうへ昇っていく部分と、水平線の下に沈んでいく部分がある。

最後にもう1つだけ述べて、終わりにしよう。

赤ん坊も、子どもも、精神を患う者も、死を恐れたりしない。成熟した賢さを備えていなくとも至ることができる心の平静さに、我々の理性をもってしてたどり着けないとしたら、実に情けないことではないだろうか。［『倫理についての書簡集』書簡36・第7－12節］

4）プラトンによる魂の輪廻論と思われるが、これ以外の箇所で、セネカが特に支持している考え方というわけではない。その後の数行も、プラトン哲学に言及している。魂の輪廻論はローマの叙事詩人ウェルギリウスの『アエネイス』にも登場し、人間の魂が生まれ変わる際には、過去の記憶の一部、もしくはすべてが消去される、という描写がある。

セネカは生涯を通じて、呼吸器系の病に苦しめられていた。おそらく肺結核や喘息《ぜんそく》を患っていたと思われる。

あまりにひどく苦しんだため、若いころには自殺を考えたほどだった、とセネカ自身が述べている。

次に紹介する書簡で語られているような発作には、昔から悩まされていたのだろうが、当時の医者たちが「死の予行練習」と呼んだ（とセネカが書き記している）こうした発作は、セネカが歳《とし》を重ねるにつれて、特別な意味を持つようになった。

病によって「死の予行演習」を続けたセネカ

親愛なるルキリウスへ

しばらく小康状態だったのだが、また突然ぶり返した。

「どの病気のことかね？」と君は訊《き》くだろう。わたしはありとあらゆる病気を経験してきたから、もっともな質問だ。

しかし、どうやらこの病だけは、わたしに特別に宿命づけられたものらしい。ギリシア語の病名はわからないが、我々の言葉で「呼吸困難《スースピリウム》」とでも呼ぶのがふさわしいだろう。[5]

まるで突風のような短い発作が不意に襲ってきて、1時間もすればおさまる（このまま息が絶えるのではないか、と思うほどの発作なので、かえってため息の1つもつきたくなる）。

これまでに数々の不調や身の危険を経験してきたが、これほど厄介な症状はないだろう。

それも当然かもしれない。なにしろこの発作は、ただの病気ではない。まったくの別物——息、すなわち命そのものを吐き出しているようなものだ。

だから、医者もこの発作のことを**「死の予行練習」**と呼んでいる。これだけ何度も練習をしていれば、いつ本番がやって来てもおかしくはない。

発作がおさまったからといって、まさか、わたしが軽やかな気分でこの手紙を書いている、などとは思っていないだろうね。

5）ラテン語の「suspirium」には、「ため息」「深い呼吸」といった意味もあるため、発作の症状を表すにはぴったりの表現である、ということ。

今ここで、さも健康を取り戻したかのように浮かれるのは、愚かというものだ。裁判所に出廷する日が延期されただけにもかかわらず、勝訴した気分になるようなものである。

「死んだ後」と「生まれる前」は何が違うのか？

とはいえ、**呼吸困難に陥っても心の落ち着きを失わずにいられたのは、恐れに屈することのない前向きな思考のおかげ**だろう。

「いったい、何が起きているのか？」

わたしは自分に問いかけた。

「これほど頻繁に発作に襲われるとは、死がわたしのことを試しているのだろうか。それなら好きにさせればよい。わたしのほうこそ、死がどんなものか、長いこと試してきたのだから」

それはいつのことだね、と君は訊くだろう。

——わたしが生まれる前、のことである。

死とは無の状態のことをいうのだから、それがどのような状態なのか、わたしはすでに知っている。

死んだ後は、生まれる前と同じなのである。

もしも、死後に苦しみがあるならば、我々がこの世の光のなかにあらわれる前にも、同じ苦しみが存在していたはずだ。しかし、生まれる前には、我々は何の苦しみも感じていなかった。

君に尋ねたいのだが、火が消えたランプのことを、火が灯《とも》る前よりも悪い状態のものだ、と考える者がいたら、実に愚かだとは思わないか？

我々の命も、ランプのように、火が灯ったり消えたりするものだ。

火がついているあいだは辛《つら》い経験もするだろうが、火が灯る前と、それが消えた後には、深い安らぎがある。

つまりだ、ルキリウス。わたしの思い違いでなければ、**死は生きている後にだけやって来るもの、と考えることが間違っている**のだ。

死とは、生まれる前と生きた後の両方にあり、この世に生まれる前の状態がどんなものだったにせよ、それは、死なのである。

この世に存在しなくなった後と、存在し始める前の状態に、はたして違いはあるだろうか？

どちらも「君が存在していない」ということに、何も変わりはないのではないだろうか？

こうしてわたしは、気持ちを強く持つための言葉を自分にかけ続けた。むろん、声を出せるような状態ではなかったため、心のなかでのことだ。

すると少しずつ、呼吸困難の状態から息切れ程度になり、発作がおさまっている間隔も長くなっていった。

ただし、発作が落ち着いた今も、まだ自然に呼吸ができるわけではない。何かが引っかかったような、ぎこちない感覚がある。［…］

「人生の最期」を穏やかに迎えるために

誓ってもいいが、わたしは最期の時が迫っても取り乱したりしない。

覚悟はできている。だから、丸1日先のことを考えたりもしない。[6]

君の場合は、**人生を楽しみつつ、それでいて死ぬのを嫌がったりしない人間を、手本として見習う**ようにするといい。

追い出されるようにしてこの世を去るのは、美徳とはいえない。

わたしの場合は（病気によって）人生から放り出されるだろうが、気持ちの上では、自分なりの覚悟を持って立ち去るつもりでいるので、これは1つの徳と考えてよいだろう。

賢人はけっして、追い出されるようにして、この世を去ったりしない。

追い出されるとは、意志に反して、無理やりに立ち退《の》かされることだ。

賢人は、なにごとも不本意におこなったりせず、人に強制されて行動することもない。**つまり、死を迫られる前に、自分から進んで立ち去る**のである。

それでは。

［『倫理についての書簡集』書簡54］

なにごとにおいても度を越さないためには、人生の短さや不確かさを、たえず意識

6）常に次の1時間のことだけを考え生きている、という意味。

することが、最も役に立つだろう。

何をおこなうにせよ、常にその目を死のほうへ向けておきたまえ。

［『倫理についての書簡集』書簡114・第27節］

恐れを手放す

第2巻

セネカが『倫理についての書簡集』に着手したのは、紀元63年のことだったが、その時点で、すでに四半世紀以上にわたって倫理を論じた複数の文章を書いていた。40年代前半に書かれた、現存する初期の作品はいずれも、大切な人の死や不在を嘆き悲しむ友人や親族（セネカ自身の母親も含まれる）に宛てられた慰めの文章である。

本書では、以下の抜粋を含めて『マルキアへ宛てた慰め』の一部をいくつか紹介する。この作品は、10代の息子を亡くして悲嘆に暮れている女性に向けて、セネカが語りかける、という体裁で書かれている。

あらゆる苦しみから「解放」される場所

次のように考えてごらんなさい。

死んだ者は、けっして苦しみを味わうことがなく、地獄にまつわる恐ろしい話は、どれも皆作り話にすぎない、と。

死者を覆う暗闇もなければ、牢獄も、燃えあがる炎の河も、忘却の河[7]も、裁きの場も、そこで裁かれる罪人も、ありはしない。すべてから解き放たれた死後においては、非道な君主にふたたび服従させられることもない。

つまるところ、詩人たちがおもしろ半分に作ったおとぎ話が恐怖を煽《あお》り、人々を惑わせているだけにすぎない。

死とは、あらゆる苦しみからの解放であり、この世の不幸がそこで途切れる終着点なのだ。

死は、生まれる前のあの安らぎへと、我々を連れ戻してくれる。

7）ギリシア神話に登場する「レーテーの河」のこと。死者の魂が生まれ変わる前に、前世の記憶を忘れるためにこの河の水を飲む、とされる。

死んだ者を哀れむのなら、まだ生まれていない者のことも、哀れまなくてはならないだろう。

〔『マルキアへ宛てた慰め』19・4〕

随筆『心の平静さについて』のなかでは、死を恐れることで、死ぬことがさらに難しくなるばかりか、人間の生がもっている、高潔さや道徳的な誠実さまでもが損なわれる、というセネカの持論が述べられている。

以下の2つめの抜粋では、死をものともしない「偉大な精神」をもつ者の例として、ユリウス・カヌスという人物のエピソードが語られる（この人物に関しては、ここでの言及以外ではほとんど知られていない）。

死を「恐れる」人ほど死を「引き寄せる」

かつて自分がいたところへ帰るだけだというのに、何を憂えることがあるだろう？

人は、よい死に方を学ばない限り、よい生き方もできないのだ。

だから手始めに、生きることに過剰な価値を置くのをやめて、命は取るに足らないものだ、と考えなくてはならない。

キケロが言うように、何としてでも生き延びようとする剣闘士は嫌われ、死を厭《いと》わず誇らしげに戦う剣闘士は、観客を魅了する。

我々の人生も、これと同じことだ。

つまり、**死を恐れる態度が結果的に死を招く、**というのは、よくあることなのだ。

運命の女神は、人間を嘲笑《あざわら》うように、こう言っていることだろう——。

「おまえのように、さもしく卑怯《ひきょう》な生き物を、生かしておいてやる理由がどこにある。その首を進んで差し出そうとしない限り、体の傷はさらに増え、さらに深くなってゆくだろう。

だがもし、首をすくめたり両手でかばったりせず、剣の前に我が身をさらす潔さを貫くならば、かえっておまえは生きながらえ、安らかな死を得ることができるのだ」

死を恐れる者は、生きていると言えるようなことを、けっしてなし得ないだろう。

一方、死というものが、母親の胎内に宿った瞬間から宿命づけられていることを悟っている者は、この自然の摂理に従って生きるだろう。そして、そのような毅然《きぜん》とした精神をもってすれば、なにごとにおいても不意をつかれることはないのだ、と我々に示してくれるだろう。

［『心の平静さについて』11・4］

死を目前にしてなお「冷静さ」を失わない態度

ユリウス・カヌスは、とても立派な人物だった。［…］カヌスとカリグラが、長い口論になったときのことだ。[8] カヌスが部屋を立ち去ろうとすると、あのファラリス[9]のように、冷酷非道な皇帝が言った。

「おまえが甘い期待を抱いたりせぬよう、おまえを処刑場へ連れて行け、と命じてやったぞ」

するとカヌスは答えた。

「陛下のお心遣いに、感謝いたします」

どのような心境で、カヌスがそのように述べたのか定かではないが、いくつかの可能性が考えられる。

まるで、恩恵を与えるように死刑を告げる皇帝の非情さを、けなそうとしたのかもしれない。あるいは、皇帝の狂気に満ちた日頃の行いを、責めようとしたのかもしれない（当時は、我が子が殺されても、財産を取り上げられても、謝辞を述べるのが常だった）。あるいは、死刑によって、晴れて自由の身となることを、喜んでいたのかもしれない。

その真意がどうあれ、このような言葉を返すのは、偉大な精神のなせる業《わざ》である。

［…］

牢屋に入れられたカヌスが盤遊びをしていると、処刑に向かう罪人たちを引き連れた百人隊長がやって来て、そろそろ時間だ、とカヌスに告げた。

するとカヌスは自分の駒を数え、対戦していた相手に言った。

「わたしが死んだ後に『勝ったのは自分だ』などと、嘘《うそ》をつかないように」

それから百人隊長のほうを向いて、こう続けた。

8）カヌスは、セネカと同じく、ストア派の哲学者。当時、セネカはまだ若く、元老院議員をつとめていた。また「カリグラ」という俗称で訳されている部分について、セネカ自身は「ガイウス」と記述している。

9）残虐さで知られる古代ギリシアの僭主《せんしゅ》。敵を真鍮《しんちゅう》製の雄牛の像のなかに閉じこめ、生きたまま焼いた、といわれている。

「わたしのほうが、駒1つ分勝っていました。あなたは、その証人です」
［『心の平静さについて』14・4］

セネカが褒めたたえた友人の「死に様」

『倫理についての書簡集』の内容からは、晩年のセネカが、親しかった多くの同年輩たちの病や死を目の当たりにしていたことがわかる。

友人たちがいったい、どのように人生最後の困難に立ち向かったのか、その一人ひとりについてセネカは詳細に書き留めた。そして、それを書簡集のなかで実例として紹介することで、友人のルキリウス、さらには、当時のローマ人の精神的な成長を促そうとしたのである。

親愛なるルキリウスへ

我々のすばらしい友人、バッスス・アウフィディウスに会ってきた。バッススはすっかり衰えて、寄る年波と戦っている様子だった。老いの重みが体にのしかかり、起きていられないほどだった。

もともと彼が虚弱な体質だったことは、君も知っているだろう。長年どうにか持ちこたえて（より正確に言えば）あちこちの不調を繕《つくろ》ってきていた。それが急に、がくりときてしまったらしい。

船で水漏れが起こると、あいた穴が1つや2つのうちはどうにかなるが、いくつも穴があいて沈み始めると、船体が裂けて、救う手立てがなくなってしまう。

老いた肉体もそれと同じで、ある時点までは、弱った部分を補うことができる。しかし、朽ちかけた建物のように、至るところの継ぎ目が緩み始め、1箇所を直しているあいだに別の箇所が壊れるようになったら、この世の去り方をじっくり考えるべき時が来た、ということだろう。

とはいえ、バッススの心は凜《りん》としている。これはおそらく、哲学のおかげだ。

死を目の前にしても、にこやかで、体がどのような状態にあっても、気丈さと朗らかさを保っている。

たとえ肉体に見捨てられようとも、心意気までは手放していない。

優れた船将は、帆が破れたから、といって航海をやめたりしない。たとえ船の一部が奪われても、残った船体で航路を進み続けるものだ。

これこそ、我らの友バッススがしていることなのである。

彼はまるで、**他人が死んでゆくのを眺めるようにして、自分の最期を平然と見つめている。**

これは実に立派なことだ、ルキリウス。我々も、常日頃から見習わなくてはならない。そうすれば、避けることのできない瞬間がいずれ訪れても、穏やかな心で立ち去れるだろう。

死は本当に「恐ろしい」ものなのか？

老い以外の理由で死が迫っている場合には、何かしらの希望が残っているものだ。

病気の進行が止まることもあれば、火事がすみやかに鎮火されることもある。

人を押し潰しそうになった瓦礫《がれき》が、かろうじてこちらを避けていくこともある。

激しい勢いで人をのみ込んだ荒波が、同じ勢いで、その人々を無傷のまま吐き出すこともある。

今まさに敵の首をはねようとしていた兵士が、急に剣を引っ込めることもある。

しかし、老齢によって死を迎えようとしている者には、こうした望みがない。**唯一、そこからその人を救い出せないのが、老いによる死なのだ。**これほど緩やかに進み、長い時間をかける死に方は、ほかにないだろう。

わたしには、まるでバッススが、己の身を墓に埋《うず》めてわたしを見送っているかのように見えた。

自らを失った悲しみに耐えるようにして生きる姿は、まさしく賢人そのものである。彼は、死についてあれこれと語ってくれるが、自分の死を受け入れる、そのあまりの冷静さに、わたしはこう思わされる。

死が人に疎まれ、恐れられるのは、死そのものに非があるからではなく、死にゆく人間のほうに非があるからではないか、と。

死後がそうであるように、死を迎える瞬間にも、恐れるようなものは何もない。

自分が経験することのない出来事に怯《おび》えるのは不毛なことだが、感じることのでき

ない出来事に怯えるのも、同じくらい不毛なことである。

それとも、死そのものを感じ取れる、という者がいるのだろうか――あらゆる感覚が絶たれることをこそ、死と呼ぶというのに。

直面した人だけが語ることのできる死の「正体」

「つまり、こういうことだ」――バッススは続けた。

「死というのは、ほかのあらゆる不幸とはかけ離れたものだから、不幸を恐れる心とも、無関係なのだ」

むろん、このようなことは何度も語られてきたし、繰り返し語られるべきだろう。

しかし、本で似たような言葉を読んだときにも、誰かが「恐れるに値しない物事を、むやみに恐れるべきではない」と口にするのを聞いたときにも、このバッススの言葉ほど、わたしの心に響いたことはなかった。

まさに、死に瀕《ひん》している男の言葉だからこそ、その重みが感じられたのだろう。

率直に言えば、**死に瀕している者のほうが、死を遠巻きにしている者よりも、強い**

心をもっているのである。

たとえ未熟な者であっても、死に直面すれば、逃げることのできない状況に向き合う覚悟が湧いてくるのだろう。

試合のあいだ、臆病な様子ばかり見せていた剣闘士が、とどめを刺されるときには、首を差し出して、相手の剣先が迷わぬようにしてやるのと同じことである。

死が（たとえ、いずれ確実に訪れるとはいえ）差し迫っていない状態では、賢人でもなければ、そのような毅然とした態度を示すことは、普通できまい。

だからこそわたしは、まるで死を間近で見てきたように考えを述べ、その本質を語れる者の言葉に、喜んで耳を傾けたい。

もしも、死者が生き返り、自分の経験をもとに「死には、何も悪いところはない」と言ってくれれば、これほど説得力のあることはないかもしれない。

現実には、**命を落としかけたことがある者や、迫りくる死を一度でも受けとめようとしたことがある者が、死に対する人間の心の揺らぎを最も的確に語ってくれる**のである。

「死にたくない」は「生きたくない」に等しい

バッススも、こうした人物の1人に数えられるだろう——この男は、嘘で人をだますことをよしとしない。

彼は言う。

「死を恐れるなど、老いを恐れるのと同じくらい、愚かなことだ。若さの後には老いがやって来て、老いの後には死がやって来るものなのだから」

つまり、**死にたくないという者は、生きることをも拒んでいる**のだ。

命とは、果てることを条件に授けられており、最後にたどり着くところは、誰もが皆同じなのである。

ならば、死を恐れることは道理に合わない。なぜなら恐怖とは、不確実なものに対して抱くものなのだから。

確実に起こる出来事については、それが起こるのをただ待てばよいのだ。

死の必然性は万人に平等なものであり、誰1人として、それを覆《くつがえ》すことはできない。誰もが同じ条件の下にいるというのに、いったい誰が文句を言えようか。平等であることは、公平さの大前提である。今ここで、わたしが自然の摂理をあらためて説く必要もあるまい。

人間の掟《おきて》は、自然の掟に逆らえない。組み立てたものをばらばらにし、ばらばらにしたものを組み立てる、それが、自然の営みだ。

もしも、老衰で穏やかにこの世を去ることができたら——つまり、命をいきなり奪い取られるのではなく、少しずつ、生から遠ざかっていくように往生できたら——まったくもって、その人は、あらゆる神々に感謝すべきだろう。

人生を存分に味わった上に、誰もが必要としている休息、くたびれ切った者には、ひときわありがたい安らぎを与えられるのだから。

君も目にしたことがあるだろうが、たいていの人が生きたいと望んでいる一方で、死を強く願ってやまない人がいる。

死に向き合う強い心について、我々に教えてくれるのは、次のうちいったいどちらだろう。

死をひたすら願う者だろうか？

それとも、晴々とした気分で、穏やかに死を待つ者だろうか？

前者のような人間は、狂気や突発的な怒りに駆られて死を望んでいる場合があるが、後者のような人間は、揺るぎない覚悟を備えているため、心の平静さを失うことはない。

怒りを抱いたまま死んでゆく者もいるなかで、**時間をかけて準備をしてきた者だけが、軽やかな心で最期を迎えられる**のだ。


苦しみを感じる「原因」はあなたのなかにある

わたしがバッススにたびたび会いに行ったのには、実はいくつか理由がある。

会うたびに、彼の様子に変化がないかどうか、体が弱ってゆくにつれて、精神力も衰えていないかどうか、確かめたかったというのもある。

ところが実際には、彼の精神力はますます強くなっていたのだ。

それは、戦車競走の選手が、最後の7周目で勝利を目前にして喜びの表情を色濃くする様子に似ていた。

バッススは、エピクロスの教えにならって、よくこう口にしていた。

「息を引き取るときに、苦しみたくない、という気持ちはある。しかし、たとえ苦しむとしても、それが一瞬で終わることに救いを感じる。大きな苦しみというのは、長くは続かないものなのだ」

たとえ拷問によって魂と肉体が引き離されることになっても、この苦痛の後には何も感じなくてすむのだ、と思えるなら、落ち着きを保てるはずだ。

とはいえ、バッススの場合は、すでに老いた魂が唇の先から出てゆこうとしているのを感じているくらいだから、ひどく苦しむことなく逝《い》けるだろう。

「火のつきやすいものに燃え移った炎を消し止めるには、水をかけて、時には建物ごと壊してしまう必要もある。しかし、燃やすものが尽きた炎は、おのずと消えてゆくのだ」――そう彼は話していた。

ルキリウス、わたしはこのような言葉を聞くことができてうれしい。

それが初めて耳にする言葉だからではない。**まるで、わたしまで死の目の前に連れて行かれた気分になった**からだ。

「それがいったいどうした。何人もの人が、自らの手で命を絶つ姿を、おまえは今までに見たことがあるだろう」――確かにその通りだ。[10]

しかしわたしは、**人生を恨むことなく死を迎える者、死を自分のほうへたぐり寄せるのではなく、死を受け入れようとする者にこそ心を打たれる。**

バッススはよく言っていた。

「死を苦しみだと感じる原因は、我々自身にある。人は、死が間近に迫っているのを確信しているときにしか、恐怖を感じないのだ」

確かに、死はあらゆるときに、あらゆる場所で待ち構えているのだから、死が間近に迫っていない者などいるまい。

彼はこうも述べている。

「考えてみてほしい。ある理由で死が迫っているときに、それが近くにあるにもかかわらず、気にも留めていなかった別の原因で死ぬ可能性が、どれほど大きいと思う?」

ある者は、敵から死の脅迫を突きつけられていたが、その敵に襲われる前に、胃腸不良で死んでしまった。

人が死を恐れる理由を分類してみると、実際に存在する理由と、存在すると思っているだけの理由があることに気づくだろう。**死を恐れる原因は、死そのものではなく、人が死についてあれこれと巡らせている考えにある。**

死と我々の距離は、常に変わらず、一定なのだ。もし、死を恐れるのであれば、たえず恐れていなくてはならない。人間が死をまぬがれているときなど、一瞬たりともないのだから。

しかし今のわたしは、死ぬことなどよりも、君がこの長ったらしい手紙にうんざりしているのではないか、ということを心配したほうがよさそうだ。だから、ここまでにしよう。

けっして死を恐れぬよう、常に死について考えておくこと（――君に伝えておきたいのは、つまりそういうことだ）。

それでは。

【『倫理についての書簡集』書簡30】

10）セネカが自問自答している。

どうすれば「名誉ある死」を遂げられるのか？

死そのものがすばらしいのではない。**立派に死ぬことが、称賛に値する**のだ。［…］死をたたえる者はいないが、心をかき乱されることなく死んでいった者には、称賛が送られる。［…］

同じ死といえども、カトーは名誉ある死を遂げ、デキムスは見苦しく、不名誉な死に方をした。[11]

デキムスの場合はこうだった――すでに決まっている処刑を先に延ばすために、用を足すと言ってその場を離れた挙句、いざ処刑の時が来て、首を差し出すように命じられると、こうのたまった。

「生かしてくれるなら、首を差し出してやろう」

後戻りできない状況になってもなお、逃げようとするとは、いったいどれほど愚かなのだろうか。

「生かしてくれるなら、首を差し出してやろう」。この男なら、こう言い足しかねなかった――「(敵である)アントニウスに、ひれ伏してもいい」。

これほど、生かしておく価値のある男もいるまい。

すでに言いかけたが、死そのものは善でも悪でもない、ということは、君も理解できるだろう。

ただし、カトーの場合は立派に往生し、デキムスの場合は無様に死んでいった。つまり、**それ自体は何でもない行為が、徳を伴うことで、美しさを帯びる**のである。［…］

金属そのものは、熱くも冷たくもない。炉のなかに放り込めば熱くなり、水に沈めれば冷たくなる。

人間の死も同じように、称賛に値するものを通じて、初めて立派な行為となる。**称賛に値するものとは、すなわち徳のことであり、物事の表面にとらわれない精神のこと**である。

そうは言ってもだ、ルキリウス。善悪のない「中立的なもの」にも種類があり、そ

11）紀元前1世紀中頃に起きたローマ内戦において、元老院派を率いた2名の人物の死が対比されている。カトーは「ウティカのカトー」とも呼ばれ、北アフリカでのユリウス・カエサルとの決戦に敗れた後、剣で腹部を刺して自害した。デキムス・ユニウス・ブルトゥスは、カエサル亡き後に実権を握ったマルクス・アントニウスに対抗して軍を率いたが、味方の兵士に見放された後、敵に捕らえられ、処刑された。

の違いを区別しなくてはならない。

確かに死は「善悪とは無関係[12]」だが、それはたとえば、君の髪の毛の本数は奇数か偶数か、という問いと同じ意味において、どうでもよい、というわけではない。**たとえ、それ自体は悪いことでなくても、表面的には悪いことのように見えるものがあり、死もその1つなのである。**


人間の心には、消滅することを嫌がる感情だけでなく、自己愛や自分を守りたいという欲求が、深く植えつけられている。

それゆえに、**自分が消えてしまうと、多くのすばらしいものが奪い取られて、慣れ親しんできたさまざまな事柄から、引き離されてしまうように感じる**のだろう。

また我々は、今いるところについては知っているが、その後にたどり着くのがどんなところかを知らず、未知のものに恐怖を抱く。これもまた、人が死を敬遠する理由であろう。

さらに、人間は本能的に暗闇を恐れるが、死は、まさしく暗闇のなかへ連れて行かれることだ、と考えられている。

こうした理由から、たとえ死が「善悪とは無関係」なものだとしても、簡単に無視することができないのである。

知らずしらず刷り込まれている「死への恐怖」

死を見据え、それが目前に迫っても耐えられるようになるには、修練を重ねて、強い心を養う必要がある。

本来であれば、死はもっと軽く扱われるべきなのだが、一般的にはそうではない。人々が、死にまつわる諸々《もろもろ》の話を真に受けているからである。

優れた才能を持つ者たちもまた、こぞって死の印象を悪くしようと努めてきた。たとえば地下世界の牢獄や、永久に闇に閉ざされた世界などが、次のように描かれてきた。

12）「善悪とは無関係」および（その直前の）「中立的」という表現は、ストア派で使われる用語であり、原文では、セネカがギリシア語をラテン語に訳して記している。いずれも、それ自体では善／悪、幸／不幸の性質をもたない物事を指す。ここでセネカは「『善悪とは無関係』な物事にも種類があり、死を避けるために、不幸に生き続けることの是非は、考える意義のある問いである」と示そうとしている。

血塗られた岩窟のなかで　巨大な地獄の門番が
喰《く》らいかけの骨の上に四肢を伸ばして横たわり
引きも切らずに吠《ほ》え続けては
青白い影のごとき亡霊たちを震え上がらせている[13]

もし仮に、こうした死後の描写が作り話にすぎず、死者を怖がらせるものなどない、と考えられたとしよう。

それでも、すぐにまた別の恐怖が忍び寄ってくるはずだ。

なぜなら、**人は地獄へ行くのを恐れるものだが、それと同じくらい、自分がどこにも存在しなくなる、ということに恐怖を感じるものだから**である。

このように、長い年月にわたって刷り込まれてきた、死に対する思い込みを、相手にせねばならないのだ。勇敢に死ぬ、ということが、人間の精神のなし得る最も立派な行いの1つとして尊ばれるのは当然であろう。

もし、死そのものが悪であったならば、我々の心は、それに美徳を求めたりはしない。死そのものが善悪とは無関係だからこそ、人は、死を通じて徳をなそうとするのである。

［『倫理についての書簡集』書簡82・第10－17節］

世間の「噂」に惑わされてはいけない

痛み、渇き、飢え、老い（これは、人間の世界に長くいられる場合に限るが）、病気、喪失、死――これらは避けて通れないものだ。

だからといって、こうした経験について騒ぎ立てる者たちに、耳を貸す必要はない。ここに挙げたものはいずれも、悪いことでもなければ、耐え難く、残酷なことでもない。

こういったものを恐ろしいと感じるのは、一般的にそう言われているからにすぎない。つまり、**人の噂《うわさ》に惑わされて、死を怖がっている**ようなものだ。

他人の言葉に怯える者ほど、愚かな存在があるだろうか？

13）叙事詩『アエネイス』のなかで「門番（ianitor）」という単語が出てくる2つの箇所を、セネカがつなぎ合わせている。前半部分（8巻296－297に該当）は、不気味な洞窟に棲《す》む怪物カークスについての描写である。後半部分（6巻400－401に該当）は、主人公アエネイアスが訪れた冥界の情景であり、セネカが指摘しようとしている、死後の描写の例である。

我々の友人デメトリウスは[14]、ものを知らぬ人間が言うことなど、腑《はらわた》が出す屁《へ》のようなものだ、とよく言っている。

「上から出てくる音だろうが、下から出てくる音だろうが、わたしにとってはどうでもよい」

さもない連中の悪口を恐れるのは、実に不毛なことだ。

そして、人の悪口を気にするのが無意味であるように、世間の噂に恐怖心を煽られなければ何とも思わぬような事柄を恐れるのも、無意味なことだ。

優れた人間が、いわれのない悪評を立てられたとして、いったいどんな痛手を被《こうむ》るというのか？

死についても同じように、悪い噂が立てられているだけなのだ。それに感化されて、死を不当に扱わぬようにしなければならない。

死を悪く言う者のなかに、それを実際に経験したことがある者はいない。そして、自分がよく知りもしないことを、悪く言うのは浅はかなことだ。

少なくとも確かなのは、死が、これまで多くの人々を苦しみや貧困、悲しみ、拷問、疲弊から解放し、救いをもたらしてきた、ということである。

死の扱い方さえ心得ていれば、我々を縛りつけるものは何もないのだ。

［『倫理についての書簡集』書簡91・第18－21節］

以下の『倫理についての書簡集』の抜粋は、物事を悠然ととらえる「賢人の精神」だけが到達できる、天空界の描写に続く部分となっている。

最後の1文に見られるような、生と死の循環を感じさせる巧みなたとえ（死の瞬間についての話の例に、生まれる瞬間の表現を使うことで、命の循環のスケールを感じさせている）は、セネカの作品における優れた表現方法の1つである。

「賢人の精神」をもてば死から自由になれる

このような高みに至った精神は、肉体と馴《な》れ合うのではなく、切り離すことのでき

14）紀元1世紀中頃に活動した、ギリシアの犬儒派（哲学の流派の1つで、認識より実行を重んじ、欲望をおさえ、慣習や文化にとらわれない独立した自然の生活を送ることを勧める）の哲学者。セネカは、デメトリウスの禁欲的な生活と、徹底した道徳観を非常に高く評価していた。

ない重荷として、肉体をきちんと操るようになる。つまり、**肉体が精神を支配するのではなく、精神が肉体に対して、責任を持つようになる。**

自由な心をもった人間は、けっして己の体に縛られることはない。肉体について余計な不安を抱けば、さまざまな制約を受けることは、言うまでもないだろう。肉体そのものが、実に気難しく、気まぐれな存在なのだ。

だからこそ、**死が訪れると、道理をわきまえた者の魂は静かに体を離れてゆき、偉大な精神をもつ者[15]の魂は軽やかに飛び出してゆく。**

残された肉体がどうなるかなどとは、振り返りもしない。剃《そ》り落とされた髭《ひげ》や、切り落とされた髪の毛の行く末を、誰も気に留めたりしないのと同じである。神々《こうごう》しいほど崇高な魂が人間としての姿を後にするときには、単なる入れ物でしかなかった肉体が、炎に「焼かれようとも[16]」、土に埋められようとも、獣に引き裂かれようとも、生まれたばかりの赤ん坊にとっての母親の「後産」のように、もはや関係のないことなのである。

【『倫理についての書簡集』書簡92・第33－34節】

15）ラテン語の「サピエンス（sapiens）」のこと。常にストア派の信念に沿って行動する賢人を意味する。
16）ラテン語の原文に欠損箇所があるため、（英語への）翻訳時に「焼かれる」という語を補っている。

未練を残さない

第3巻

現存するセネカの初期の作品『マルキアへ宛てた慰め』は、息子を失った母親に向けて書かれた文章である。このなかで、セネカは難しい役まわりを引き受け「悲しみに暮れるべきではない」と母親を諭《さと》している。

またセネカは、以下の抜粋、および本書で紹介する『マルキアへ宛てた慰め』のほかの引用箇所のなかで、長生きに価値を置くことや、早逝した人の人生を惜しむことは根本的に間違っているということを、さまざまな論点から語っている。

本当の「長生き」とはどういうことか？

「息子の死は、あまりに早すぎた。まだ、あんなに若かったのに」と、あなたはおっしゃるかもしれない。

しかし仮に、息子さんがもっと長く生きられたものとしよう。人間に与えられ得る最も長い寿命を、まっとうできたとする。

それがいったい、どれほどの長さになるというのか。

我々は、この世に生まれ落ちた、と思ったのも束の間、すぐにまた次にやって来る者のために、道をあけてやらねばならない。［…］

人生は信じられない速さで過ぎてゆくが、はたしてそれは「我々が経験から知っている」[17]人の寿命に限ったことだろうか。

都市の寿命を考えてごらんなさい。長い歴史を誇る都市でさえも、栄えていたのは一瞬であることがおわかりになるだろう。

17）ラテン語の原文の破損部を、（英語への）翻訳時に補っている。

人の世で起こる出来事は、どれもはかなく、瞬く間に過ぎてゆく。とめどない時間の流れのなかでは、すべてが無に等しい。

いくつもの都市や民族や河があり、広い海に囲まれているこの地球でさえも、時のおよぶ範囲に思いを馳《は》せてみれば、ほんの小さな点にすぎないことがわかる。**万物は、人知を超えた無限の時の広がりのなかで、循環しながら、月日を重ねているにすぎない**のである。[18]

すべてを足し合わせても取るに足らない年月を、わずかに引き延ばしたところで、どんな違いがあるというのか。

「長生きをした」と思えるような生き方は、ただ1つ。人生を生き尽くすことである。

人に語り継がれるほどの長寿に恵まれた、丈夫な者たちの名前を挙げてごらんなさい。その寿命を数え上げれば、110年もの年月になるかもしれない。

しかし、はるか遠くまで広がる時の流れを思い浮かべ、人がどれほどの時間を生きて、どれほどの時間を生きていなかったのかを考えてみれば、**早逝にも長寿にも、違いはない**ことに気づかれるだろう。

［『マルキアへ宛てた慰め』21・1－3］

以下の4つの文章は『倫理についての書簡集』からの抜粋で、それぞれの書簡の全文、もしくはほぼ全文を掲載している。

セネカはこれらの書簡のなかで、人生は長さではなく、質で評価されるべきであり、長生きをすること自体が望ましいわけではない、と読者に説こうとしている。

こうした死生観は、実に明快であると同時に、受け入れ難いかもしれないが、セネカの思想の根幹を成すものである。

人間の快楽や身体的な経験は、ある時点で「満足した」「もう十分だ」と感じる段階に達するが、セネカは、人生においてもそうした充足感を得られるように努めるべきであり、また、自分自身はそのように生きてきた、と述べている。

18）ストア派の宇宙観では、地球上の生命は周期的に発生する自然災害によって滅ぼされ、その後再生する、と考えられていた。

「生きる覚悟」よりもまず「死ぬ覚悟」を決めよ

親愛なるルキリウスへ

今までのように欲をもつのを、そろそろやめにしよう。少なくとも、わたしはそう努めている。年老いてまで、子ども時代と同じものをほしがりたくはない。日夜心がけていることは、ただ1つ。過去の悪《あ》しき習慣と決別することだ。これこそがわたしのつとめであり、考えていることである。**わたしは、毎日が人生の縮図となるように生きている。**

むろん、人生最後の日にしがみつくようにではなく、**今日が最後になってもよい、と思えるように過ごしている、**ということだ。

今こうして手紙を書いているあいだにも、すぐそこに、死が迎えに来ているような心持ちでいる。

旅立つ覚悟ならできている。

あとどれくらい生きられるのか、などという思いに気をとられたりしないということは、わたしはすでに、人生を十分に生きられたのだろう。

歳をとる前は、よい生き方をするように心がけていた。

歳をとった今は、**よい死に方**ができるように心がけている。

よい死に方とは、死を快く受け入れることである。［…］

どんな状況に迫られても、これこそが自分の望むことなのだ、と考えよう。

なによりも、自分の最期を悲観的にとらえてはならない。

そのためには、生きる覚悟よりも先に、まずは死ぬ覚悟を決めなくてはならない。

人は、人生に必要なものがすでに十分に与えられているというのに、それでもなお貪欲に求め続ける。

たえず、何かが欠けている、と感じる者にとって、その感覚が消えることはないだろう。

なぜなら、**満ち足りた人生かどうかは、生きた年月の長さではなく、自分の心のあり方によって決まる**からである。

ルキリウスよ、わたしは「生き尽くした」と言えるほど十分に生きた。死を待つ我が心に、何も悔いはない。

それでは。

［『倫理についての書簡集』書簡61］

「心安らかな最期」を迎えるためのアドバイス

トゥリウス・マルケリヌスのことは、君もよく知っていただろう。

若いころから落ち着いた男だったが、気がつけば、すっかり歳を重ねて病気になっていた。

不治の病でこそなかったものの、治りの悪い、厄介な病気に苦労を強いられたのだろう。やがて死を案じるようになり、多くの友人を招き集めた。

その場には、まるで自分に言い聞かせるような慰めの言葉をかける、気の小さい者もいれば、死ぬ覚悟を決めようとしている人間が聞いたらいかにも喜びそうな、もっともらしい助言をするご機嫌取りもいた。

しかしわたしは、あのストア派の友人[19]がマルケリヌスにかけた言葉こそ、一番ふさわしかったように思うのだ。

この友人というのは、大胆さと活力にあふれた非凡な才人、という賛辞が似つかわしい人物なのだが、彼はこう切り出した。

「マルケリヌス君、そんなふうに思い詰めて、自分を苦しめるのはよしたまえ。**生きていること自体は、大したことではない。**君の奴隷たちだって生きているし、動物だって皆生きている。**大切なのは、穏やかな心で、堂々と立派に死んでゆくことだ。**

今までどれだけの時間、同じことを繰り返してきたのかを考えてみてごらん。食事、睡眠、色事、それ以外には何もないのではないかね。ただ死にたい、と思うだけなら、賢くて勇敢な人間でなくても、不幸な人間でなくても、ただの気難しがりやの人間にだってできるのだ」

こう述べたストア派の友人に必要なのは、自分の教えを広めてくれる賛同者ではなく、(マルケリヌスが立派な最期を迎えられるように) 手助けをしてくれる者であった。[20]

ところが、マルケリヌスの奴隷たちは、協力することを拒んだ。

19) この友人のことを、ルキリウスも知っているかのような表現だが、この人物についての詳細は、現在も明らかになっていない。セネカ自身の考えを語らせるために、創作された人物である可能性もある。
20) 不自然ではあるが、結局、マルケリヌスが自分の意志で自殺を決断したのかどうかについて、セネカは明確に言及していない。

そこで彼は、まず奴隷たちの不安を取り除くために、こう説明した。

「君たちの身が危うくなるのは、マルケリヌス君が、本当に自分の意志で死んだのかどうかが疑われる場合だけだ。仕えている主人が自ら死のうとしているのを邪魔するのは、その主人を殺すのと同じくらいの悪事にもなり得る」

それからマルケリヌスのほうを向いて、こう諭した。

「宴《うたげ》の最後に、残った物をその場にいる者たちで分け合うだろう。それと同じように、人生の最後にこれまで仕えてくれた者たちへ施《ほどこ》しをするのも、人情のうちではないかね」

おおらかな人柄で、自分の財産についても気前がよかったマルケリヌスは、涙ぐんでいる奴隷たちに心づけを渡し、元気づけてまわった。

マルケリヌスの場合は、剣を取る必要も、血を流す必要もなかった。

3日間絶食をすると、寝室の天井に（蒸気をこもらせるための）幕をとりつけるよう命じて、風呂桶《おけ》を運び込ませた。そして、湯船のなかに長いこと横たわり、熱湯が注がれるたびに、ゆっくりと力尽きていったのだった。

本人の語ったところによれば、そこにはある種の心地よさ——時々気を失うことがある我々にはわかるだろうが[21]、ゆっくりと意識が遠のいてゆく瞬間の、あの快感のことだ——があったそうだ。

人は皆「死すべき定め」とともに生まれてきた

話が脇へ逸れてしまったが、君の友人が手間取ったり苦しんだりせずに往生したとわかったと思えば、それほど不愉快な話ではなかったのではないかと思う。

彼は自ら死を選んだのにもかかわらず、この上なく安らかに、するりとこの世を去っていった。

死すべき時が来ても、それを拒んだり、死にかけているのに抵抗したりすることがよくある我々には、マルケリヌスの話から得るものがあるはずだ。

どれほどものを知らない人間であっても、自分がいつか死ぬ定めにある、ということは知っている。それなのに、いざその時が近づくと、後ずさりして恐怖に震え、泣いてすがろうとする。

21）「我々」という表現を使ってはいるが、セネカ自身を指している。本書第1巻で紹介した『倫理についての書簡集』の書簡54で細かく描写されているように、セネカは失神や呼吸困難を引き起こす病気を患っていた。

1000年前に、自分が生きていなかったことを泣いて悲しむ者がいたら、実に馬鹿ばかしいとは思わないかね？

1000年後に生きていないことを泣いて悲しむ者も、それと同じだ。両者に違いはない。

かつて存在していなかったように、君はいずれ存在しなくなる。**過去も未来も、君には関係がない**のだ。

限られた時のなかに産み落とされた命を、どこまで引き延ばそうというのか。何を泣くことがあるのか。何を望むというのか。どれも、無意味な抵抗にすぎない。

神々が定めし運命を　祈りによって捻《ね》じ曲げられるとは思うなかれ[22]

運命は、永遠にして不滅なる大きな力によって導かれており、変えることはできない。**すべてが行き着くところへ、君もまた行き着く**のだ。いったい何が腑《ふ》に落ちないというのか。

君は、死すべき定めとともに生まれてきた。

君の父上、母上、ご先祖、君より前に生きた人すべてに、同じことが起きたのであり、君より後に生きる人すべてにも、同じことが起こる。

どんな力でも捻じ曲げられず、断《た》ち切ることもできない1本の鎖に、すべてが絡めとられて、引きずられてゆくのである。

どれほど大勢の者が、これから死を迎え、君の後に続くことか。どれほど大きな人の群れが、君と道をともにすることか。

仮に、無数の命が自分と一緒に逝くというのなら、君ももっと堂々としていられるのだろうか？

だが実際に、君がこうして尻込みしている瞬間にも、何千何万という人間や動物が、それぞれに最期の時を迎えている。

常にそこに向かって進んできたところへ、まさか、本当にたどり着くとは思っていなかったのかね？

22)『アエネイス』（6巻376）より。遺体が埋葬されていない舵手《だしゅ》パリヌルスの霊に、冥界の河を渡って死者の国へ行ってはならない、と予言者の巫女《みこ》が告げている。

どんな旅にも、終わりがあるのだ。

命は惜しんでも「奴隷」に成り下がってはならない

ここでわたしが、偉大な先人たちの話を引き合いに出すと思ったかもしれないが、代わりにある若者の話をしよう。今も語り継がれる、あのスパルタの少年の話だ。彼はまだほんの子どもだったが、敵に捕まると、生まれ故郷のドリス地方の方言でこう叫んだ。

「ぼくは、奴隷なんかになるもんか！」

少年に二言はなかった。屈辱的な雑用を命じられると――それは尿瓶《しびん》を持ってこい、という命令だった――自分の頭を壁に叩《たた》きつけて、打ち砕いたのである。

すぐそこに自由があるというのに、いったい誰が奴隷に成り下がるというのか。君も我が子には、何もせずに老いぼれるくらいなら、この少年のような最期を遂げてほしいとは思わないかね？

若者でさえ、立派に死んでゆくことができるのだから、いったい何を恐れることがあるだろうか。

たとえ、君が後に続くことを拒んでも、結局は定めに引きずられてゆくのである。ならば、**大いなる力によって決められているその定めを、自らが選んだ定めにしてしまえばよい。**

君がこの少年の潔さにならって「自分は奴隷ではない！」と言ってみようと思わないなら、情けないことだ……他人の奴隷、物の奴隷、人生の奴隷に成り下がっているというのに。

堂々と死ぬことのできない生き方は、隷従そのものなのだ。


わたしたちが「生きたい」と望み続ける理由

これ以上、いったい何を望むというのか。

自分を堕落させて、足を引っ張るような快楽を、君はすべてやり尽くしている。[23] もはや、その目に新鮮に映るものなど1つもないほど、何もかも嫌というほど味わった

23）『倫理についての書簡集』で使われる「君」という表現は、ルキリウスだけでなく、人間全体や、この引用部のように、古代ローマ社会の裕福な権力者に向けられている場合が多い。

ではないか。

葡萄酒《ぶどうしゅ》の味も蜂蜜酒の味も、君は知り尽くしている。その膀胱《ぼうこう》が濾《こ》した酒の量が、壺100杯分だろうが1000杯分だろうが、違いはない。その体はただの酒袋だ。

牡蠣《かき》や鯔《ぼら》の味だって、よく知っている。**欲望のまま、ありとあらゆるものに手を出してきた君には、向こう数年は目新しいものなどあらわれない**だろう。

そして**結局のところ、君が**（この世を去るときに）**手放したくないと思っているのは、こうしたものにすぎない**のである。


それとも、君が奪われて悲しむようなものが、ほかにあるだろうか？

友人がいる？　はたして君は友情の築き方を知っているのか？

生まれ故郷が恋しい？　君は食事を後まわしにできるほど、祖国のことを大切に思っているのか？

もっと日の光の下にいたい？　できることなら、太陽など消し去ってしまいたいくせに。そもそも君は、日の光の下でするにふさわしい行いを、一度でもしたことがあるのか？

――認めるのだ。君が死ぬのを拒むのは、元老院の議場や、公共広場や、この自然界を去るのが、名ごり惜しいからではない。食料市場に未練を感じているだけなのだ。しかし、そこでやり残したことなど、1つもないではないか。君は死を恐れている。それなのに、キノコを腹一杯に食べているときには、そんなことを屁とも思っていない。[24]君は生きたがっている。ならば、どう生きるべきかを知っているのか？　君は死を憂えている。いったいなぜだ？　その人生は、死そのものだというのに。

「死ぬこと」は人生に課せられた「義務」である

ユリウス・カエサルが、ラティーナ街道を通りかかったときのことだ。列を成した捕虜の1人がカエサルに声をかけた。あごひげが胸まで長く伸びたその老人は、自分を殺してほしい、と願い出た。

するとカエサルは答えた。

24）これより前の部分で言及されている牡蠣や鰡と同じく、当時のローマでは、キノコも高級珍味とされていた。なかには毒を持つキノコもあったため、この文章には、二重の皮肉がこめられている。

「つまり、おまえは今、生きていると言うのか？」

これこそ、死ぬことでしか救われないような生き方をしている者に、向けられるべき言葉である。

「君は死を恐れている。だが、はたして君は今、生きているのか？」

ある人は言う。

「まだ死にたくない。自分は、人に褒められるようなことをしてきた。人生のつとめもきちんと真面目に果たしてきたのに、途中で放り出すわけにはいかない」

――何を言うのだ。

死ぬことも、人生に課せられた義務の1つである、と心得ていないのか？

君は、何も途中で放り出したりはしない。果たすべきつとめの数など、もともと決められていないのだから。

どのような人生も、瞬く間に過ぎる。森羅万象と比べてみれば、あのネストール[25]やサッティア[26]の生涯でさえも、一瞬のことである。

サッティアは、自分の墓碑に「99歳まで生きた」と彫るように命じた。長生きを自慢したがる人もいるのだ。

しかし、仮にこの女性が100歳まで生きたなら、誰もが我慢の限界を迎えていたことだろう。

人生は芝居のごとし。どれほど長いかではなく、どれほどすばらしく演じられたかが肝心なのだ。どこで終わりにするかは、問題ではない。

君の望むところで幕切れとすればよい。ただし、締めくくりは立派なものにするように。[27]

それでは。

【『倫理についての書簡集』書簡77・第5－20節】

「長く生きる」より「満たされて生きる」ほうが大事

親愛なるルキリウスへ

君がくれた手紙のなかで、君は哲学者のメトゥロナクスの死を悲しんで「あの人は

25）ギリシア神話に登場する武将。神の好意によって300年ほど生きたと伝えられている。
26）伝説的な長寿の老女。
27）ここで「締めくくり」と訳されているラテン語の「clausula」は、通常、文章や演説の最後を盛り上げるために使われる文の調子を指す。

もっと長生きできたはずだし、長生きすべきだった」と言っていた。

あらゆる物事や、あらゆる人に対して、平常心を失うことのない君でさえも、ほかの人たち同様、ある1つの事柄についいては、心穏やかでいられないらしい。わたしには、それが残念でならない。

他人に対して、常に心穏やかでいられる者ならたくさん知っているが、神々に対して心を乱さずにいられる人というのを、わたしは見たことがない。

それどころか、人は毎日のように、運命に向かって文句を言っている。

「いったいどうして、あの人は道半ばにして逝ってしまったのか？　どうしてこの人は、自分自身と他人のお荷物になりながら、生き続けているのか？」と。

君に尋ねたい。**君が自然の摂理に従うのと、自然の摂理が君に従うのとでは、どちらが理にかなっているだろうか？**

必ず去らねばならない場所をいつ立ち去ろうと、大した違いはない。

我々が考えるべきなのは、どれほど長く生きるかではなく、どれほど満たされて生きるか、である。

なぜなら、**長く生きるには運命の手を借りる必要があるが、満たされた人生になるかどうかは、自分の心がけ次第**だからである。

生き尽くせば、人生は十分に長い。

他人に心を預けるのをやめて、自分にとって本当によいものを取り戻せば、人生は満ち足りたものとなる。

80年の月日を無為に過ごしたとして、いったい何になるというのか。それは、生きたというよりも、人生に長く居座っていただけであり、年老いてから死んだのではなく、死ぬまでに長い時間がかかっただけである。

「80年も生きた人がいる」――なるほど、しかし**肝心なのは、いったいどの時点から死んでいたのか、**である。

「メトゥロナクスは、まだこれから、という若さで逝ってしまった」――しかし彼はよき市民として、よき友人として、そしてよき息子として、十分に自分の役目を果たした。なにごとにおいても、いい加減にはしなかった。

たとえ年月は短くても、人生をまっとうしたのだ。

「80年も生きた人がいる」

違う、その人は80年間そこにいただけなのだ。

——もっとも、「生きる」という言葉を「木は生きている」というのと同じ意味で使っているのならば、話は別だが。[…]

「幸せな人生」を送るための条件とは？

寿命があと数年延びる、というのなら、わたしも拒みはしない。

しかし、たとえ早々と死ぬことになっても、欠けているものなどない幸せな人生だった、と言うだろう。

それは、**自分が死ぬのはまだ先のことだなどと、欲張りな希望を抱いて悠長に構えずに、毎日を人生最後の日のように思って生きてきた**からである。[…]

小柄な体格をした者であっても、人として完全になり得るように、短い時間であっても、人生は完全なものになり得る。

寿命というのは、人間の力がおよばぬところで操られており、自分がどれほど長く生きるかを、自分自身が決めることはできない。

しかし、**本来あるべき生き方で、どれほど長く生きられるかは、自分次第**なのだ。「暗闇のなかを進んでいくような惨めな一生を送るな」「己の人生を素通りせずに生き尽くしてみよ」とわたしにけしかけてくれてもいい。

完全なる人生とはどのようなものか、と君は訊くだろう。

それは、**叡智《えいち》を手にすることのできる人生**である。

それを成し得る者とは、**ただ時間をかけて、遠くにたどり着く者ではなく、時間と関係なく、最も気高い理想を体現できる者**なのである。

喜びにおおいに浸り、神々に感謝し、自分にも感謝するがよい。

そして宇宙に向かって、己を創り出した手柄を褒めてやるべきである。

当然だろう。**生まれたときに与えられた命よりも、さらにすばらしい命を宇宙に還せる**のだから。

このような生き方をする者は、「よき人間」とはいかなるものか、すでに身をもって手本を残してくれているのだから、多少長生きしようがしまいが大差はないのだ。

「今日死ぬ人」と「明日死ぬ人」はどちらが幸せか？

我々は、いったいいつまで、生き続けるのだろうか[28]？

この世のことについて知る喜びならば、もう十分に味わったはずだ。


我々は知っている。

自然がどのような起源をもち、どのように宇宙の秩序を保ち、どのような変化を起こして季節を巡らせ、どのようにすべての存在を包み込み、自らを創り上げているのかを。

我々は知っている。

星々が自らの力で動き、この地球以外のあらゆる天体が、常に決められた速度で移動していることを。

我々は知っている。

なぜ、進む速度の遅い月が、太陽を追い抜いてゆくことがあるのかを。

我々は知っている。

なぜ、月が明るくなったり暗くなったりするのか、何が夜を連れてきて、また昼を呼び戻すのかを。

こうした営みを、もっと近くから眺められるところへゆく旅が、この先に待っているのである。[29]

かの賢人メトゥロナクスは言っていた。

「この世を堂々と後にできるのは、神々のもとへゆく道が、自分の前に開けていると思うからではありません。

わたしはすでに神々の一部として、これまでも、神々とともにありました。わたしは自分の心を神々に遣わし、向こうもまた、その御心《みこころ》をわたしのところへ遣わしてくださった。

この身が滅びて、人間の姿として何も残らないとしましょう。この世を去った後

28）セネカの作品ではよく見られるように「我々」はセネカ自身を指している。この後に続く内容は、セネカが若いころにおこなっていた天文学の研究にもとづくものである。『倫理についての書簡集』とほぼ同時期に書かれた、自然科学に関するセネカの著作『自然研究』の内容もおそらく意識している。
29）ここでは、死が星界へ向かう旅として描かれている。

に、行き着く場所などないとしましょう。それでも、この大いなる魂は残り続けるのです」[…]

剣闘士は、試合の最終日に殺されるほうが、途中の試合日に殺されるよりも幸せだ、などとは、むろん君も思ってはいないだろう。[30]ある者が死に、また別の者が死ぬまでの時間の差も、同じことである。

死は、どの人間にも訪れる。

人を殺《あや》めた者も、殺められた者のすぐ後に続いてゆく。

つまり**我々は、きわめて些細《ささい》なことに対して、きわめて大きな不安を抱いている**のだ。けっして避けて通れぬ出来事を、いつまで避けていられるかなど、意味のないことではないかね。

それでは。

［『倫理についての書簡集』書簡93］

「成功者」のもとにも死は突然訪れる

親愛なるルキリウスへ

自分が取るに足らぬ存在であることを、我々はたえず、思い知らされている。次々と起こる出来事は、人間のはかなさを思い出させ、永遠を夢見る者は、死を見据えさせられる。

こんな前置きをして、いったい何の話をするつもりかね、と君は尋ねるだろう。君も知っていた、あのコルネリウス・セネキオのことだ。

セネキオは、真面目で立派なローマの騎士だった。出自こそ貧しかったが、立身出世し、次々と新たな成功に向かって進んでいた（名声というのは、加速度的に高まっていくものだ）。

金銭についても、普通は最初に貧しい状態が長く続き、そこから抜け出すのは難しいものだが、セネキオはすでに一財産を築こうとしていた。

それを可能にした主な2つの要因とは、商売の素質と、蓄財の精神だった（しかし、片方だけでもこの男なら十分に富を成していたことだろう）。

セネキオはまれに見る倹約家で、財産だけでなく、健康にも気を配っていた。とこ

30）剣闘士試合や競技大会は、数日間連続で開催されることがよくあった。

ろが、ある朝（いつものように）わたしに会いにやって来て、[31] 治る見込みのない重い病に苦しむ友人のかたわらに座り、日中、そして夜まで過ごし、それから楽しく食事をした後、口峡炎《アンギーナ》の発作に襲われたのだ。喉がつまって、呼吸をすることもままならず、翌朝まで持ちこたえられなかった。**心身ともに、健康な人間としてのつとめを果たしていたと思ったら、そのわずか数時間後に、帰らぬ人となってしまった**のである。

海に陸にと、事業をまわしながら公共の仕事にも着手し、あらゆる商機をつかんでいた男が、かつてない好況に恵まれて富が流れ込んできた矢先に、逝ってしまった。

さあ、メリボエウスよ
梨の種を植えて　葡萄の木を一列に並べよう[32]

明日という日さえも意のままにならない我々が、人生を計画通りに進めようとするのは、浅ましいことである。

未来を知り得ないからこそ「今」準備せよ

物事を始めるとき、先の先まで思い描こうとする者は、大きな思い違いをしている。

「これを買おう。あれを建てよう。貸し付けをして、取り立てよう。名声を手に入れよう。年老いてくたびれたら、のんびりと余生を過ごそう」

いいかね、**どれほど幸運に恵まれた人間でも、確実なものは何もない。誰1人として、一切、未来のことを当てにしてはいけない**のである。

手につかんだものは、すり抜けてゆき、残されていたはずの時間も、何かの拍子に断ち切られてしまう。

時の流れは、決まった規則で進んでいるのかもしれないが、通ってゆくのは闇のなかなのだ。

たとえ自然の摂理にとっては明白なことであっても、それが人間の知り得ないこと

31）古代ローマ市民の一部の身分には、パトロンや友人の有力者の家を朝に訪れ、助言をもらったり、便宜を図ってもらったりする慣習があった。

32）ウェルギリウスの詩集『牧歌』からの引用（第1歌73）。牛飼いのメリボエウスは、農地を奪われて故郷から追放されたのだが、ここでは農作業ができなくなった自分を皮肉るような独りごとを言っている。

ならば、考えても意味がないのである。

人は、船で異国の海岸を巡り、いずれ生まれ故郷へ帰ってくる長旅を計画する。従軍して野営に参加し、なかなか支払われない報酬を計算する。公職に就いて役職をのぼりつめる野望を抱く——そのあいだも、**死は常にすぐそばにある。しかし我々は、死を他人事《ひとごと》のようにしか考えていない。**

そのせいで、人の命のはかなさを思い出させる出来事が何度繰り返されても、我々は驚きこそすれ、それを心に留めようとはしないのだ。

いつかは我が身に起こること、しかも、いつ起きてもおかしくないことに驚いたりするのは、救いようもなく愚かなことである。

確かに人は、無情な運命によって定められた最終地点から、自分が今、どれほど離れているのかを、知ることはできない。

しかし——だからこそ、**すでにその最終地点に、限りなく近いところにいるものと考えて、心の準備をしよう**ではないか。［…］

今日1日を「人生最後の日」と思って過ごす

ルキリウスよ、のんびりとはしていられない。**その日その日を、一度切りの人生であるかのように、精一杯過ごす**のだ。

このような考え方を身につけることができた者は、日々をまっとうし、心安らかに過ごせるだろう。

一方、希望にすがって生きている者には、一瞬一瞬が近づいてくるたび、それはするりと遠ざかってゆくことだろう。

その代わりに忍び寄ってくるのは、貪欲さと、それ自体が哀れであるばかりか、あらゆる卑しさの原因となっている、死への恐怖なのである。

マエケナス[33]が、あのようなみっともない命乞いをしたのも、死を恐れていたからに

33）セネカの時代より半世紀前、皇帝アウグストゥス時代の、高官かつ政治的指導者。文化的な支援もおこなった。マエケナスは、散文と韻文の両方の作品を残したとされるが、現存している作品はない。この後に出てくる命乞いの言葉は、プロメテウスの神話の一部を、風刺的に言い換えたものとも考えられる。

ほかならない。彼は命さえ助かるなら、体を見るも無残な状態にされて、鋭く尖《とが》った杭《くい》で貫かれることも厭わない、と言った。

この手が使えなくなってもいい
この足が使えなくなってもいい
背中が腫れ上がり折れ曲がっても構わない
抜けかけたこの歯が　殴り飛ばされても構わない
どうか命だけは助けてほしい
死なずにすむのならば
尖った棒切れの上に座ることさえ拒みはしない[34]

マエケナスは（本当にそのような目にあうならば）きわめて悲惨なことを、自ら願い出ている。しかし、これでは命乞いをしているというよりは、責め苦を引き延ばしてくれ、と言っているようなものである。［…］

この男は、ウェルギリウスが次の詩句を朗唱するのを、一度も聞いたことがなかったのだろう。

その死とやらは そこまで惨めなものなのか[35]

生き地獄のような苦痛が続くのをマエケナスが願うのは、いったい何のためか？

むろん、生き延びるためである。

しかし、**じわじわと死にかけているような状態を、はたして「生きている」と言えるだろうか？**

拷問によって、1つ、また1つと、手足を失いながら衰弱してゆく。ひと思いに逝くのではなく、苦しみを味わいながら力尽きてゆく。そんな死に方を、いったい誰が望むだろうか？

四肢を打ちのめされ、背を歪《ゆが》められ、醜く腫れ上がるほど肩や胸を痛めつけられ、

34）『マルキアへ宛てた慰め』の1節から、当時には陰部を串刺しにする拷問があったことがわかる。
35）『アエネイス』（12巻646）より。決闘で絶望的な状況に陥った王トゥルヌスの台詞《せりふ》の一部。ローマの伝記作家スエトニウスの『ローマ皇帝伝』によると、破綻寸前の元首政を退きたがっていたネロが、この1節を引用しながら悪態をついた、という（「ネロ」7－2）。

死の淵をさまようような思いを散々味わい、その挙句に、あのおぞましい木の杭のあるところへ連れてゆかれるというのに、そこまでしても生き延びたいという者が、実際にいるのだろうか？

死とは、自然が与えてくれたすばらしい恩恵のはずだが、それでも否定したい者は、そうすればよい。

「生への執着」が人生を貧しいものにする

死をまぬがれるために、卑劣な取り引きをする者ならいくらでもいる。

自分の命と引きかえに、友人を裏切る。

我が子が辱めを受けることを承知で、相手に引き渡す。

すべては明日の夜明けを迎えるため――いくつもの罪深き行いを密《ひそ》かに知っている、あの曙光《しょこう》を見るためなのだ。

生に対するこのような執着は、振り払わねばならない。

そして学ばねばならない。**遅かれ早かれ降りかかる出来事を、いつ経験することになっても、違いはない**のだと。

大切なのは、よく生きることであり、長く生きることではない。そして、よく生きるためには、長生きをしないほうがよいことも、往々にしてあるのだ。[36]

【『倫理についての書簡集』書簡101】

それでは。

36）慎重な表現ではあるが、権力の濫用に異を唱えた者に自殺を命じた、カリグラやネロなどの暴君を指していると思われる。権力によって強要された自殺については、第4巻で紹介する文章のなかで、より明確に論じられている。

苦しみを断ち切る

第4巻

ふたたび『マルキアへ宛てた慰め』からの1節を紹介しよう。

セネカはここでもやはり、息子の死を悼むマルキアを元気づけようとしている。途中、マルキアの父親のことが言及されているが、この人物は手紙の書かれた数年前に、ティベリウスの迫害を逃れるために、絶食による自殺を図っている（皇帝に従う仲間の元老院議員たちが、自分の処刑に賛成票を投じているころ、時を同じくして息を引き取ったとされている）。

このような、権力による命令を逃れた自らの決断にもとづく自殺は、カリグラ時代のセネカにとって特に重要な意味を持っていた（『マルキアへ宛てた慰め』は、おそらくそのころに書かれたと思われる。その後、ネロの時代の後半に書かれたのが『倫理についての書簡集』である）。

カリグラやネロは、非常に強い猜疑心《さいぎしん》の持ち主で、背徳を疑われた大勢の市民が自殺を命じられ、従わない場合には処刑され、財産まで没収された。

最終的には、セネカ自身も同じ道をたどるわけだが、権力に命じられた自殺を繰り返し目の当たりにしてきた経験は、セネカが、自己解放のための自殺の意義について考えるのを後押しした。

死が人を「不幸」から救ってくれる

ああ、死こそが最も優れた自然の発明だというのに、それをたたえもせず、待ち受けようともしない者たちは、自分たちにふりかかる災難について、何もわかっていないのだ。

死とは、幸福に終止符を打つこともあれば、不幸を遠ざけることもある。

老人の疲れや退屈を終わらせることもあれば、前途洋々たる若者の青春を奪い、人生の厳しさすらまだ知らぬ少年を（生まれる前の状態へ）引き戻すこともある。

いずれにしても、死とは誰もが行き着く終着点であり、多くの者にとっての救いであり、また、一部の者にとっては聞き届けられた願いである。

そして、人に強いられることなく、それを迎えられた者にとっては、この上ない恩恵なのである。

死は、憎々しい主人から奴隷を解放してくれる。とらわれの身にかけられた鎖を外してくれる。抗《あらが》えない権力によって、牢獄に閉じ込められた者を自由にしてくれる。

常に祖国の方角を見つめて、望郷の念に駆られている流刑者に、どの土地に骨を埋めても、帰ってゆくところは同じであることを、教えてくれる。

運命の女神が財産の分配を誤まり、本来なら同じ権利を持って生まれた者同士が、一方から他方に売り渡されることになっても、[37] 死がすべてを帳消しにしてくれる。


死とは、**そこを超えれば誰の指図も受けることのない境界線**である。

死とは、**そこにいる限り、己の卑しさに苛《さいな》まれることのない場所**である。

死とは、**すべての者に開かれた道**である。

そしてマルキアよ。死とは、あなたの父上が、何よりも望んだ終焉《しゅうえん》である。


断言しよう。この世に生まれることが、単なる苦しみにならずにすむのは、死のおかげである。

迫りくる危険を前にして、気丈さを保てるのも、他人に支配されることなく、汚《けが》れなき精神を保てるのも、死の存在があってこそにほかならない。

わたしには、追い詰められてなお、すがることのできる救いがあるのだ。

あちらに目をやると、いくつもの拷問台が見える。それも、1種類だけではない。それぞれがすべて、別の人間によって考え出されたものである。逆さ吊《づ》りにされている者もいれば、陰部に杭を刺し込まれている者、両腕を大の字に開いて、磔《はりつけ》台にくくりつけられている者もいる。それから、竪琴《たてごと》のような道具、[38]鞭《むち》打ちの道具、四肢や体じゅうの関節を痛めつけるための道具もある。

しかし、わたしの目には死も見える。血に飢えた乱暴者や、思い上がった同胞の市民たちがいるあの場所には、死へ至る道もあるのだ。

ほんの1歩踏み出した先に自由が待っているなら、主人に仕えて嫌な思いをさせられようと、苦にはならない。

わたしが、生きることを愛《いと》おしく思えるのも、死という恩恵のおかげなのである。

〔『マルキアへ宛てた慰め』20・1〕

37）おそらく、債務奴隷制度のことを指していると思われる。ただしこの制度は、セネカの時代には、すでにローマ法によって廃止されていた。

38）腕や脚を引っ張り、脱臼させるための紐《ひも》が数本ついており、外見が竪琴に似ている。

続いて、セネカの初期の随筆作品『怒りについて（De Ira）』の1節を紹介しよう。

ここでセネカは「自殺とは、自分を解放することである」という、実にインパクトのある考えを述べている。

（抜粋した箇所は、アケメネス朝ペルシアの王カンビュセス2世と、メディア王国の王アステュアゲスについてのエピソードに続く部分である。この2人の君主は、側近に対する残虐なふるまいで知られており、たとえばカンビュセス2世は、臣下のプレクサスペスの息子を弓の的にして射抜いて殺し、アステュアゲスは、忠臣ハルパゴスの子供を切り刻んでスープにして、ハルパゴス本人にふるまって食べさせた、とされている）

セネカは、おそらく以下の文章を書いたすぐ後に、若きネロの補佐役についたと思われるが、そのような時代的背景を踏まえて読むと、ここで語られている史話と、それに対するセネカの意見が、特別な意味合いを帯びて見えるのではないだろうか。

どんな困難の前にも「自由」への道は開かれている

冷酷な人殺しの命令に甘んじて従え、とは言わない。わたしが示したいのは、**どの**

ような支配を受けていようとも、自由への道は開かれている、ということだ。

苦しみや不幸の原因が自分の心にあるのなら、それを自分で終わらせることもできるはずである。


近しい人の胸を弓で狙うような王と巡り会ってしまった者や、父親に我が子の腑《はらわた》を食べさせるような君主に仕えている者に、わたしは言いたい。

「愚か者よ、何を嘆いているのだ？　どこからか敵があらわれ、同胞を皆殺しにして、自分を救ってくれるとでも思うのか？　あるいは強国の王が、自分のために遠方から馳せ参じてくれるとでも？

その苦しみを終わらせる術なら、あたりを見まわせば、そこかしこにあるだろう。

あの険しい崖を見よ。堕《お》ちた先には自由がある。

あの海や河や井戸を見よ。水底には自由が広がっている。

あの低くしなびた不吉な木を見よ。枝からは自由が垂れ下がっている。

その首、喉、心臓をよく見てみよ。どれもが屈従から逃れる道である。

それとも、強い意志と体力を要求するこれらの道は、君が選ぶには難しすぎるだろうか？
それでも、ほかに自由への道があるかと問うならば、教えよう。それは、その体に流れる血の管である」

［『怒りについて』3巻15・3）］

セネカは、自分が生きた時代から1世紀近く前に起こった政治家マルクス・ポルキウス・カトー（小カトー）の死を、自己解放のための自殺の例として、たびたび引き合いに出している。

カトーは、ストア派の熱心な信奉者であった。

ローマ社会の専制政治化を防ぐために、元老院、そして戦場で、ユリウス・カエサル派と戦っていたが、北アフリカのウティカ近郊での決戦に敗れると、部屋にこもって、自分の腹部を剣で切り裂いた。

すぐに仲間に助け出され、医者が傷口を縫い合わせたが、自らその縫い目を引きちぎって、絶命したのだった。

セネカがカトーの死を模範的とするのは、それが政治的な動機にもとづき、なおかつ、哲学的な影響を受けた死だったからである（カトーは自殺する直前に、魂の不滅性について語ったプラトンの対話篇《へん》『パイドン』を読んでいた)。そして何よりも、強烈な精神力なくしては、成し遂げることのできない死であったから、という理由が大きいだろう。

死をもって自らの「信念」を成し遂げたカトーの最期

もしも、偉大なる天の神ユピテルが、地上を気に留めてくださったことがあるなら、何に最も御心を惹《ひ》かれただろうか。

それは、味方が一度ならず壊滅させられても、なお瓦礫の山と化した祖国の地に、毅然として立ち続けたカトーの勇姿をおいて、ほかにあるまい。

カトーは言った。

「たとえ、すべてが1人の男の手中に落ちようとも、たとえ、陸が軍団に、海が艦隊に固められようとも、たとえ、港がカエサルの軍兵に包囲されようとも、このカトーには、残された道がある。

わずか1本の腕で、自由へと続く、広い道を切り開いてみせよう。内乱の時世にも穢《けが》されることのなかったこの剣が、気高いつとめを立派に果たし、祖国にもたらすことのできなかった自由を、わたしにもたらすだろう。

我が魂よ、永らく思い描いてきた最期に向かって進むのだ。俗世の雑事から、己を解き放て。

ペトレイウスとユバは、すでに戦地で落ち合い、互いを刺し違えてともに倒れた。[39]勇ましく、見事な死の約束であった。しかしそれでも、我々（ストア派の人間）が思う偉大さにはおよばない。己の死を他人の手にゆだねるなど、このカトーにとっては、命乞いと同じく不名誉なことなのだ」


わたしにはわかる。神々は、嬉々《きき》として眺めていたことだろう。己に対しては容赦のなかったこの男が、他人の身の安全を思い、自分を見捨てた者たちの逃走に手を貸してやる姿を。最後となる夜にさえも、勉学に勤《いそ》しむ姿を。自らの聖なる胸に、剣を突き刺す姿を。そして、腹を切り開き、鉄の刃で触れるには忍びない神聖な命を、素手で引き抜く姿を。

最初の刺し傷が致命傷にならなかった（医者が傷口を縫い合わせ、一命を取りとめた）理由とは、こうである――不死なる神々にとって、カトーが往生する姿を一度見るだけでは、満足できなかったのだ。ゆえに、カトーの気高き魂は途中で引き戻され、さらに難しい要求を与えられたのである。

1度目よりも、2度目に死を試みるほうが、はるかに強い精神力を要する。神々は、自ら育てた子が、立派にこの世から旅立つ姿をごらんになって、さぞかし喜ばれたことだろう。

死を恐れる者からも称賛されるほど、見事な最期を遂げた人間は、神々しき存在となるのだ。

［『神々の摂理について』2・9］

『神々の摂理について』の冒頭で、カトーの死の意義を論じたセネカは、作品の最後にふたたび「自己解放としての自殺」という主題に触れて、全体を結んでいる。以下の部分は、とある神が人類に語りかける、という設定で書かれている。

39）ペトレイウスとユバは、いずれも反カエサル派として、カトーとともに戦った。戦いに敗れた後、あらかじめ交わしていた取り決めにより、果たし合ったとされているが、詳細については、文献によって異なる。2人が決闘をおこない、ユバが先に死んだ後、ペトレイウスが自決したとする文献もある。セネカが「(両者は）互いに差し違えた」と表現しているのは、カトーの自決の緊迫感と対比させるため、とも考えられる。

人間のために神々は死を「たやすいもの」にした

「とりわけ、おまえたち人間が不本意のまま生きながらえることがないよう、配慮してやったのだ。出口は常に開いている。戦うことを厭うなら、逃げればよい。**人間が避けて通れぬ経験のうちで、死を最もたやすいものにしてある。**

おまえたちの魂を、斜面に置いてやったようなものだ。［もし］死ぬまでに多少時間がかかったとしても、ほんの少し辛抱すれば、自由への道がどれほど短く、平坦《へいたん》であるか、すぐにわかるだろう。40

この世を去るときのほうが、この世にやって来るときよりも、手間取らぬようにしてあるのだ。もし、生まれるのと同じくらい、死ぬのに時間がかかるなら、運命の女神がさらに力をふるって、人間を弄《もてあそ》ぶことだろう。

自然界からその身を断ち切り、与えられた命を突き返すことが、いかにたやすいか、あらゆるとき、あらゆる場面で、学ばねばならない。

祭壇の前でおごそかな供儀をおこない、命を乞い願うまさにその瞬間にも、そこから死を学び取るのだ。

肥えた雄牛でさえ、小さな傷ひとつで倒れ、屈強な獣もまた、人間の拳の一撃でやられてしまう。首と頭のあいだは、細い刃でも切り裂くことができる。ひとたび頸部《けいぶ》の関節が断ち切られれば、どれほどの巨体の持ち主であっても、崩れ落ちてしまう。息の根は、体の奥底に潜んでいるわけではない。特別な道具などなくても、探し出せる。深い傷を負わなくても、五臓六腑なら、すぐ手が届く。

死とは、限りなく近いところにある。

急所などはない。どこを選んでも、道は開かれているのだ。

死と呼ばれているもの、すなわち、魂と肉体が離れる瞬間は、あまりに短く、感じ取ることさえできまい。紐で首を締めようとも、水で呼吸を封じようとも、硬い地面に落ちて頭を打ち砕こうとも、燃える炎をのみ込んで気道を断とうとも[41]、いかなる手段を選ぶにせよ、結末は直ちに訪れる。

一瞬で終わることに長々と怯え続けて、いったい、おまえたちは自分が恥ずかしく

40）ラテン語の原文に不明瞭な箇所があるため、「もし」という語を補っている。
41）カトーの姉、ブルータスの妻であるポルキアの自殺のことと思われる。燃えた炭をのみ込んで自殺した、と伝えられているが、確証はない。

ないのか」

［『神々の摂理について』6・7］

セネカは、年齢を重ねて体調が衰えてゆくにつれて、次第に尊厳死の是非について考えるようになる。

ただし、この問いを巡るセネカの考えは、必ずしも一貫しておらず、矛盾している部分も見られる。

たとえば、第3巻で紹介した『倫理についての書簡集』書簡77では、一過性の病気に苦しんだトゥリウス・マルケリヌスの自殺を肯定的に評価しているが、以下に紹介する書簡58では、自殺が正当化されるのは不治の病の場合に限られる、とも述べている。

さらに、その後に全文を紹介する書簡70では、自己決定による尊厳死の是非を両面から論じ、決断の良し悪しは状況によって異なる、と結論づけている。

「幸せに死ぬ」べきか？「不幸せに生きる」べきか？

ここで、あの問題について、わたしの考えを述べよう。

つまり**「行き詰まるまで老いることを、軽蔑すべきかどうか」「終わりを待たずに、自分で終わらせるべきかどうか」**という問いについて、である。

運命のなりゆきを待つだけの者は、ただの臆病者と変わらない。酒におぼれた人間が、酒壺《さかつぼ》を飲みほして、澱《おり》まですすっているようなものである。

しかし、ここで問うべきは、人生の最後は澱なのか、ということだ。

それとも、もしも精神が健全なまま、五官への刺激にもきちんと反応し、肉体の機能も損なわずに健康でいられるならば、人生の最後は、澄み切った清らかなものと言えるだろうか？

引き延ばされるのが「生」か「死」かでは、大きな違いがある。

肉体がその役割を果たせなくなったときには、そこでもがいている魂を、引っ張り出してやるべきではないだろうか。しかも、しかるべき時に手遅れにならないように、早めにそうしてやるべきだ。

早死にする危険よりも、不幸に生き続ける危険のほうが大きいのだから、より大きな危険を避けるために、一瞬の犠牲を払うのが賢明である。

肉体の衰えを知らぬまま、長寿をまっとうする者などほとんどおらず、大半の人間にとって人生とは、何の意味もなく、ただそこに存在しているだけである。

自分の人生に終止符を打つ権利ほど、奪われることが残酷なものはない——そうは思わないかね?


君個人についての私見を述べている、と思って不愉快にならず、どうか、わたしの言わんとするところを考えてみてほしい。

わたしという人間、少なくとも、わたしのよい部分が損なわれない限り、老いを捨て去ろうとは思わない。

しかし、もしも、わたしの精神が老いによって打ちのめされ、生きているのではなくただ息をしているだけの状態になったら、朽ちて倒れかけたこの〝家〟から飛び出してゆくつもりだ。

病気の場合も、治癒する見込みがあり、精神が不自由を強いられない限りは、死に救いを求めたりしない。ただの痛みを理由に、自分に手をかけるような死は、敗北なのだ。けれども仮に、その苦しみに永遠に耐えなければならない、とわかれば、わたしはこの世を去るだろう。それは、痛みそのものに耐えられないからではなく、この世を生きるに値するすべての理由が、痛みによって失われてしまうからである。

苦しみを言い訳にして死ぬ者は、気概のない臆病者である。

しかし、ただ苦しむために生きる者は、単なる愚か者である。

［『倫理についての書簡集』書簡58・第32－36節］

たどり着く場所は同じでも、人それぞれの進み方がある

親愛なるルキリウスへ

君の故郷のポンペイを久しぶりに訪れた。

若き日の思い出が、目の前に広がって、あのころと同じことがまたできそうな、つい最近までそれをしていたような、そんな気分になった。

ルキリウスよ、我々は、人生という航路を進んできた。（ウェルギリウスが言うように）

ひとたび海に出れば、

　陸地も街も 小さく遠ざかってゆく[42]

42）『アエネイス』（3巻72）より。主人公アエネイアスが、船でトラキアを後にする情景を語っている。

こうして、慌ただしく時が過ぎてゆくなかで、まずは少年時代が視界から遠ざかり、青年時代、青年と老年のあいだの時代、老年で最もよい時代が、次々と遠ざかっていった。

そしてついに、**すべての人類がたどり着く終点**が見えてきた。

我々は、そこを暗礁だと思い込んでいるが、それは、港なのである。時には人が探し求める場所であり、避けて通ることはできない。

まだ若いうちにそこへ打ち寄せられた者も、自分でせっせと船を漕《こ》いでそこに着いた者と同じように、文句を言うことはできない。

君も知っているだろう。海の上では、緩やかな風に船の進みを焦《じ》らされ、静かな凪《なぎ》に退屈させられることもあれば、吹きつける大風に、勢いよく押し流されてゆくこともある。

我々の一生も、それと同じだと考えるのだ。尻込んでいても、一瞬のうちに最期を迎える者もいれば、焦らされ、大変な目にあってから、死ぬ者もいる。

君もわかっているだろう。

人生とは、いつまでもしがみつくようなものではない。

肝心なのは「よく生きる」ことであり「ただ生きる」ことではないのだ。

賢人はなぜ、「長生き」しようとしないのか？

賢人は、長生きしようとするのではなく、自分に与えられた時間をまっとうしようとする。どこで、どのような人と、どのように生きるべきか、いったい自分が、何をすべきかを、慎重に考える。

思い巡らせるのは、人生の中身であり、長さではない。

心の平穏を乱すような災いが次々と起これば、そこから自分を解放しようとするだろう。

しかも、追い詰められてから行動に出るとは限らない。運命の先行きを少しでも不穏に感じたら、立ち去るべき時が来たのかどうかを、考え始めるはずだ。

賢人にとっては、自ら用意する死も、自然に訪れる死も同じことであり、死期が早まろうとも、先になろうとも、違いはないのである。

賢人は、死ぬことで、大きなものが失われるのではないか、などと心配したりしない。水滴ほどの小さな存在が何かを失ったところで、大したことはない、と考えているのだ。

肝心なのは、死期が近いかどうかではなく、よい死を遂げられるかどうかである。そして「よい死を遂げる」とは、悪い生き方しかできない人生から逃れることを意味する。

わたしが、あるロドス人の言葉を実にみっともないと思う理由も、ここにあるのだ。彼は僭主の命令で土牢に放り込まれ、まるで獣のような扱いをされながら、生き延びていた。そして、絶食でもしたほうがましではないか、と言ってきた者に、こう返したのである。

「命がある限りは、どんな希望にもすがるべきだ」

これも確かに一理あるかもしれない。しかし、命とは、どんな犠牲を払ってでもすがるほどのものではないだろう。［…］

死を目前にした人に与えられる「2つの選択肢」

（処刑による）死が怖いから、という理由で、先に死のうとするのは、馬鹿げている。じきに処刑人がやって来るのだから、それを待てばすむ話だ。何も先走ることはないだろう。

他人に任された残虐な仕事を、わざわざ引き受ける理由がどこにある？

自分にとどめを刺す人間が、うらやましいのか？

それとも、処刑の手間を省いてやろう、というのか？

かのソクラテスは、絶食して、自ら命を絶つことができたにもかかわらず、30日間も牢獄のなかで過ごしてから（判決に従って）毒を仰いだ。

これほど長い時間があれば、あらゆる希望にすがる余裕もあっただろうが、助かる可能性ならまだ十分ある、とは考えなかった。**定めに身をゆだね、自分と過ごす最後の時を、仲間に楽しんでもらおうとしていた。**

死は恐れるに足らず、まして、毒を拒むのは愚かなことだと思っていたのだろう。

リボ・ドゥルススには、スクリボニアという、気の強いしっかり者の、父方の叔母《おば》がいた。

リボ自身は、身分は高いが、知性の低い若者だった。当時の誰よりも大きな野望を抱いていたが、彼のような男には、時代など関係なしに、大きすぎる野望だった。

リボが、体調を崩して元老院から担架で運び出されたときには、付き添う者は数えるほどしかいなかった（被告人として審理を受けていたリボのことを、近しい者たちは、死人同然として見捨てていたのである）。

自殺を図るべきか、それとも、死を待つべきか[43]、リボが考え始めると、叔母のスクリボニアが言った。

「処刑人の仕事を、何も好き好《この》んで、自分でやることはないだろう」

この説得にもかかわらず、リボは、自らに手をかけることを選んだ。

これも一理ある選択だろう。

あと数日生きたところで、政敵の下した判決によって結局は処刑される定めだったのだから。そのまま何もせずにいるのは、それこそ処刑人の仕事のために、命を延ばしてやるようなものだった。

「最もよい死に方」を選ぶ方法

要するに、**外的な力によって、決められた死を待つべきか、それとも自分で先に手を打つべきか、という問いに対して、一般化して答える術はない**のだ。

どちらを選ぶべきかを左右する要因は、いくつもある。苦しみを味わう死と、安らかに迎える死を眼前にして、後者を選ばない理由があるだろうか？

わたしだって、航海に出るときには船を選ぶし、住むところを探すときには家屋を選ぶ。当然、人生を去るときには、死に方を選ぶ。

長生きするのが、必ずしもよい生き方ではないように、然《しか》るべき時を待ってから死ぬことが、常に悪い死に方とも限らない。

43）ここでの「死を待つ」とは、病死ではなく、処刑を意味する。ローマの歴史家・政治家タキトゥスの『年代記』（2・27－31）によると、リボ・ドゥルススは病気で担ぎ出された当時、皇帝への反逆罪で審理を受けている最中だった。おそらく冤罪であったのだが、結果的には（セネカが書いている通り）皇帝を恐れた身内から見放され、恐怖と不安に追い詰められた挙句、自殺した（その後、有罪判決が下された）。

だからこそ、**とりわけ死に関しては、自分の心に従い、魂が望む方法で、旅立たなくてはならない。**

手に取るのが剣であれ、首をくくる縄であれ、血管を満たす毒であれ、自分を縛りつけている鎖を、ためらわずに断ち切ればよい。

人は誰しも、他人の許可を求めて生きてゆくものだが、最期の時には、自分自身が納得できるようにするべきである。

最もよい死に方とは、自分がこれでよし、と思える死に方なのだ。

「『あいつの死に方は潔くない』とか『無謀な死だ』とか『もっと立派に往生できただろうに』と人に言われたらどうしよう」などというのは、まったくもってくだらない考えである。

自分がどんな死に方を選ぼうとも、世間が口をはさむことではない、と思えばよい。

一刻も早く、運命から己を自由にしてやる、その一点だけに集中すること。人のやり方にけちをつける輩《やから》は、必ずあらわれるものなのだ。

この世からの「出口」は1つではない

知性の持ち主を自負する者たちの間にも、己の命に手をかけることを認めず、自殺は罪である、と言う者がいる。自然が定める最期を待て、ということらしい。

こうした主張をする者は、**自ら自由への道を阻んでいる**ことに気づいていない。

永遠なる自然の摂理が何よりもすばらしいのは、この世への入り口がたった1つしかないのに対して、この世からの出口はいくつもある、ということだ。

苦しみや、襲いかかる不幸を、自分の力で振り払うことができるのに、はたして、病気や他人から被る非情さに、耐え続ける必要はあるのだろうか？

死のうとする者を、引き留めるものはない。それこそが、我々が文句を言わずに生きていられる理由なのだ。

自分以外に不幸をもたらす存在はないのだから、人間の命は恵まれているだろう。

幸せなら、生きればよい。

不満があるならば、やって来た元の場所へ帰ればよい。

君は、頭痛を癒すために、瀉血《しゃけつ》をしたことが何度もあるだろう。痩せるために、血管に穴をあけたこともある。

腑を引き裂くのに、深い傷はいらない。大いなる自由への道は、小さな刃1つで切り開かれ、安らぎは、ほんのひと刺しで手に入る。[44]

では、いったい何が、我々をもたつかせるのか——要するに、自分がこの世を去らねばならない時が来る、などとは誰も思っていないのである。

慣れ親しんで、居心地がよくなった場所は、たとえ不当な扱いを受けても、出て行こう、という気が失せてしまう。それと同じことだ。

肉体に縛られない自由を手にしたいなら、いずれ、その住処《すみか》を捨て去る覚悟を持たねばならない。

いつかは〝共同生活〟を終える日が来る、と思っていれば、その肉体を追い出されるときにも、気丈でいられるだろう。

いかなる境遇に置かれようとも「死への覚悟」をもて

すべてに貪欲な者が、わざわざ自分の最期について考える必要があるのは、なぜだろうか？

それは、ほかの経験の場合には、心の準備をしても、無駄になるかもしれないが、**死に関しては、覚悟を試される時が必ず来る**からである。

たとえば、貧乏に備えて心づもりをしても、実際には、まだ財産が残っている。痛みに備えて気合いを入れてみても、健康な肉体のおかげで、その気合いを発揮せずに済むかもしれない。愛する人々を失う寂しさに耐えるように、自分に言い聞かせても、その人たちが運よく生き残るかもしれない。

ところがただ1つ、**死というものについては、その覚悟が試される日が、必ずやって来る**のである。

偉大な人間だけが、束縛の鎖を断ち切る力を持っている、などと考えてはいけない。カトーは、剣では解き放つことのできなかった自分の命を、手でつかんで、引き抜いて往生したが、そんな真似《まね》は、カトーのような人間以外には不可能だ、などと思っ

44)「一瞬のうちに」「小さな傷によって」という2つの意味を持つ「puncto」という単語を使った言葉遊びであり、翻訳にもそのニュアンスを残している。

てはいけない[45]。

最も卑しい、とされる身分の者であっても、必死の努力によって安らぎを得られる。まともな死に方を許されず、自分の望む死に方を選べなくとも、手近にあるものをつかみ取って、その無害な物体を凶器へと変えることができる。

つい最近のことだ。ゲルマニア人の剣闘士が、午前の試合の準備中に用を足すと告げてその場を離れ――それが、見張りの目を逃れて、1人きりになる唯一の方法だった――汚物を拭くための海綿がついた棒切れを喉の奥につめ込んで、息を絶った。

「そんな汚らしい野蛮な死に様は、死を侮辱している！」

――しかし、**死ぬ間際にあれこれと選《え》り好みするほうが、よほど馬鹿げていないだろうか？**

この勇敢なる剣闘士には、死に方を選ばせてやるだけの価値があった。(機会さえあれば)見事に剣を使って、自害してみせたことだろう。もしくは、深い海に猛然と飛び込んでいったか、岩肌の断崖から、軽やかに身を投げたことだろう。

この男は、あらゆる退路を断たれ、それでもなお、凶器となるものを見つけ出し、死に至る道を作り出した。

意志の力さえあれば、死を阻むものは何もないことがわかるだろう。

この勇敢なる人物の最期については、各人に評価をゆだねるが、この1点については、異論はあるまい――**どれほど不快な死であっても、小ぎれいな隷従よりは、望ましい**のだ。

「偉大な人間」はどのように死と向き合うか？

品に欠けるたとえ話になったが、続けよう。

最も低く見られている者たちにとってさえ、死は大したものではない、ということがわかれば、我々も、もっと自分に勇敢さを求めるようになるはずだ。

カトー一族や、スキピオ一族のような名家の出身者や、誉れの高い名士たちは、我々が見習うことのできる域を超えていると思われている。

そこで、内乱の指導者でなくとも、獣を相手に戦っているような者たちにも、勇敢な死を遂げる精神力が備わっていることを示したい。

45）カトーの凄惨な自決の詳細は、105ページ『神々の摂理について』（2・9）を参照のこと。

つい、このあいだのことだ。ある剣闘士が、荷馬車に乗せられて、午前の試合へ向かっていた。[46]

監視人が見張っているなか、その男は、居眠りをしている振りをして、少しずつ頭を垂らしてゆき、座席につかまったまま、頭を車輪にすべり込ませると、その回転で首をへし折った。

こうして、自分を処刑の場[47]へと連れてゆく乗り物を使って、自らを救い出したのである。

自由を求めて旅立とうとする意志を、妨げるものはない。
自然界は、人間の行動を縛り過ぎないようにしてくれている。

状況が許すのなら、あたりを見まわして、穏やかに死ねる手段を探せばよい。

自由への道を切り開く道具が、手に届くところにいくつもあるなら、どれか１つを選んで、最もよい使い方を考えるのだ。

制約の多い状況なら、どれが最善の方法かなどと考えず、手近にあるものを迷わずにつかみ取ることだ。

見慣れないものや、初めて使うものでも構わない。死ぬ覚悟さえあれば、使い方はおのずと思いつく。最も身分の低い奴隷でさえ、苦しみに追い立てられれば、行動を起こし、隙のない見張りの目さえも、かいくぐることができる。

偉大な人間とは、死を決断し、さらにその手段をも見出《みいだ》せる者のことなのだ。

「死に方」だけはけっして他人にゆだねてはならない

2度目におこなわれた模擬海戦の話をしよう。ある蛮族の1人が、相手の敵を刺すために渡されていた槍を、自分の喉の奥に刺し込んで死んだ。

この男が残した言葉は、こうだ。

「人に馬鹿にされて、散々ひどい仕打ちを受けてきたというのに、なぜ、俺は今まで

46）セネカが、格闘競技の午前試合を引き合いに出すときには、人が死に至る様子を含む、暴力的な描写を伴うことが多い。
47）剣闘の試合は、単なる見せ物というだけでなく、罪人の処刑も兼ねており、試合に負けることは、死を意味した。

我慢し続けてきたのだろう！　こうして武器を手にしているのだから、死を待つことはない！」

いかにして人を殺すか、ではなく、いかにして死すべきか、ということが人々に示されたこの模擬海戦は、いっそう印象深いものとなった。

どうだろう。

踏みにじられて荒《すさ》んだ心にさえ、死を貫く意志は残っている。

長い時間をかけて心の準備を重ねてきた者、あらゆることに通じる知性を使って、不幸を乗り越える訓練をしてきた者が、同じ気概を持ち合わせていないはずがない。

我々の理性は、こう説いている。**死に至る道は人それぞれだが、たどり着くところは皆同じであり、いつ、その時が訪れるかは重要ではない、**と。

我々の理性は、こうも助言してくれる。できることなら（自分の望む方法で）死ぬべきだが、（もしそれがかなわなくても）その状況で可能な方法ならば、どんな死に方になっても構わない、と。

他人から物を奪って生きるのは、道理に反するが、他人から物を奪ってでも死を貫

くのは、ひときわ美しいことである。

それでは。

［『倫理についての書簡集』書簡70］

セネカが自殺を論じた文章の多くでは、自殺が近親者や友人に及ぼす影響に関して触れられていないのだが、次に紹介する書簡では、たとえ自殺が適切な選択肢に思えても、ほかの者のために生き続けるべき場合がある、という考えが示されている。

以下に引いた箇所は、年の離れたセネカの年下の妻ポンペイア・パウリナとの関係を垣間見る《かいまみる》ことができる、数少ない例でもある。

時には「死を思いとどまる勇気」も必要

親愛なるルキリウスへ

わたしは今、ノメントゥム[48]の別宅に逃げてきている。

都会暮らしからの逃避かね、と君に言われそうだが、逃げてきたのは、熱病のせい

48）現在のイタリア・ローマ北東部に位置する街。

だ。徐々に悪化していたが、本格的にこじらせてしまった。医者によると、脈拍が乱れていたのが初期症状だったらしい。

すぐにわたしは、乗り物の支度をさせた。妻のパウリナに引き止められたが、わたしのほうも、出発すると言って譲らなかった。［…］

パウリナには、体に気をつけるよう、常に言われている。彼女の命は、わたしの命にかかっているのだから、彼女のためにも自分をいたわろうと思う。

つまるところ、美しい感情にはかなわないのだ。

近しい者や、愛する者のためには、打ちのめされるような状況でも苦しみに耐え、唇の先から出て行こうとしている魂をつかまえて、引き戻さなくてはならない。

よき人間とは、自分が生きたいだけ生きるのではなく、自分が生きる必要があるだけ生きるものだ。

死のうという思いにばかり執着して、伴侶や友人のために長生きする価値はない、という者は、自分のことしか考えてないのである。

己の心が死を望むようになったら、もしくは、己の心そのものが枯れ始めていると感じたら、ひとたびそこで立ち止まり、家族や友人に尽くさなくてはならない。**誰かのために、死を思いとどまるのは、大いなる精神を持っている証《あかし》である**――これまでも、多くの偉大な人々が、そうしてきたように。

［『倫理についての書簡集』書簡104・第1－4節］

「死にたい」と口にすることの無意味さ

「死にたい」という言葉ほど、みっともないものはない、とわたしは思う。生きたいのなら、死を願う必要はない。

反対に、生きるのが嫌ならば、生まれた時にすでに与えられているものを、あらためて神々に乞う必要もない。

たとえ君が望まなくても、いずれ死は訪れる。

しかし、もし、君が死を望むのなら、それを実現する力はすでに、君自身に備わっている。

前者は一方的に決められていることだが、後者は君の自由にできることだ。

最近、とある書物の序文を読んだのだが、実にひどいものであった（それも呆《あき》れたことに、書いたのは、学識ある人物だった）。

いわく「ゆえに、わたしはなるべく早く死にたい」。

本気なのだろうか？　お望みなら、いつでもその通りにできる、というのに。

「ゆえに、わたしはなるべく早く死にたい」、きっとこんな言葉を繰り返しながら、老いてゆくのだろう。

さもなければ、何を先延ばしにすることがあるだろう？

誰も引き止めたりしないから、お気に召した道から立ち去ればよい。自然界のどの物質を使おうと構わない。ただ、命じればよいのだ。わたしに逃げ道を与えよ、と。

この世を創り出している水や土や空気は、生きるために必要なものだが、同時に、死ぬための手段にもなり得る。

「ゆえに、わたしはなるべく早く死にたい」――なるべく早くとは、いつのことを指すのか？　どの日を想定しているのか？　思っているよりも、そのときが早く訪れる可能性だってあるというのに。

こんなものは、心の弱い者の言葉である。情けないことを口にして、人の同情を買おうとしているだけなのだ。

死にたいと言う者は、実際には死ぬことなど望んでいないのだから、むしろ、生きることや健康を、神々に願うべきである。

もしも、本当に死を望むなら、それはかなえられるだろう。すなわち、これ以上死を願わずにすむようになる。

［『倫理についての書簡集』書簡117・第22－24節］

宇宙の視点から考える

第5巻

セネカは、人間を含むあらゆる自然界のものが、死に滅びてゆくという普遍的事実に、大きな救いを見出していた。ストア派では、地球は一定の周期で滅亡と再生を繰り返す、と考えられており、セネカも同様に考えていた。

以下に紹介する2つの文章では、身内の死を悼む知人たちを慰めるために、セネカが死の普遍性について語っている。

1つめの文章は、息子を失くした婦人マルキアに宛てたものである。

2つめの文章は、クラウディウスの宮廷に仕え、弟を失くしたばかりの、ポリュビウスという有力な解放奴隷に宛てた手紙である。

身近な人を亡くしたら、いつまで悲しめばよいのか？

マルキアよ、あなたの父上が、天の頂きからあなたに語りかけている、と想像してみてほしい。[49]［…］きっと、父上はこんなふうにおっしゃるだろう。

「娘よ、なぜ、いつまでも悲しみに暮れているのか？　なぜ、真実に気づくことなく、息子がひどい仕打ちを受けた、と思い続けているのか？　当の本人は、無事にご先祖たちのところに帰ってゆき、残された家族も皆、健《すこ》やかなままだというのに。

運命の女神は、巨大な嵐を起こしてこの世をかき乱し、そこへ巻き込まれた者には、けっして慈悲や愛想を見せたりしない。まさかおまえは、そのことを知らないとでも言うのか？

49）マルキアの父親、クレムティウス・コルドゥスが死んだのは、この文章が書かれた時期よりだいぶ前である。セネカは「死後の生」という考え方に懐疑的だったが「死者の魂は、天上界で幸福に暮らす」という、キリスト教の死生観を先んじるような記述も残している。

ここで名前を挙げるまでもなかろう。

わずかでも早く往生していれば、災いをまぬがれ、幸福に酔いしれたまま生涯を終えていた君主が、いったいどれほどいることか。

寿命が少し短くなったところで、その偉大さは少しも変わらないローマの将軍や、しがない兵士の剣に屈して、首を差し出した誇り高き名士が、いったいどれほどいることか。

おまえの父親や祖父の最期を、思い返してみるがいい。

おまえの祖父は、素性もわからぬ刺客に命を奪われた。だがわたしは、誰かの手にかかるくらいなら、と食事を断って、かつて書物を通じて世に示した威厳を貫いてみせた。[50]

この上なく恵まれた最期を迎えたわたしのことを、いつまでも家族が悲しんでいるのは、いったいなぜなのか？」

「宇宙の大きさ」を前に「人間の小ささ」を知る

「……ここでは、皆がひとところに集まり、二度と深い闇で覆い隠されることのない眼《まなこ》で、下界を見守っている。**地上のものは、おまえたちが思うほどすばらしくもなければ、貴《とうと》くも、輝かしくもない。見苦しく、重苦しく、物憂いものばかりで、それが天の光によって、かすかに照らし出されているにすぎない。**

教えてやろう。ここには、激しくせめぎ合う武器もなければ、互いに撃破し合う艦隊もない。親を手にかける者はおろか、親を殺そう、などと考える者さえおらず、言い争いの怒号が毎日のように飛び交う中央広場もない。

ここでは、誰も隠し立てしようなどと考えず、心のうちや、あらゆる想念はさらけ出され、すべての営みが手に取るようにわかる。それればかりか、物事の来し方行く末まで一望できる。

かつてのわたしにとっては、宇宙の片隅にいるごく一部の人間によって作られた、

50) コルドゥスは、自身の書いた歴史書が時の皇帝ティベリウスの不興を買い、反逆罪に問われていたが、有罪判決が下る前に、絶食して命を絶った。マルキアの祖父の死については、ここで語られていること以外は不明である。

ほんの一時代の歴史を書き記すことが喜びであった。[51]

だが今や、あまたの時代、無限に連なり続いてゆく年月を、しかと見渡すことができ、新たな国の興亡や大都市の没落、海の潮の変化さえも予見できる。

皆が同じ運命をたどる、という真実がおまえの悲しみを癒すのなら、覚えておきなさい――**今ある場所に永遠にとどまるものはなく、すべては、月日の流れとともに姿を消し、去ってゆく**のだ、と。

人間だけが、運命に弄ばれるわけではない（運命がつかさどるもののうち、我々の占めている部分はきわめて小さいのである）。

あらゆる場所、地域、地表が、運命の力によって操られている。

どこかで山々が崩れたかと思えば、また別のどこかで、新たな岩山が天に向かって突き出す。

海が干上がり、河の流れが変われば、民族同士をつなぐ道が断たれ、人の交わりや連帯も無に帰する。

また別のどこかでは、街々が地震に揺さぶられ、地面にあいた巨大な孔《あな》にのみ込まれる。地底からは瘴気《しょうき》が噴き出し、洪水が人の住むところを押し流し、あらゆる生き物が水底に沈められ、すべてが巨大な炎によって灰となる。[52]
やがて、宇宙が生まれ変わるために崩壊するときが来れば、万物は、互いの力で滅ぼし合うだろう。星群と星群がぶつかり合い、空に整然と輝いている星々は、1つの大きな炎に包まれ、すべてが焼き尽くされるのだ。
神がふたたび宇宙を創り出すときには、永遠を約束された我々の聖なる魂もまた、小さな一片として、大いなる崩壊に加わる。そして、朽ちてゆくあらゆる物質とともに、宇宙の始源へと還ってゆくのである」

［『マルキアへ宛てた慰め』26・1］

死が常に「身近にある」ことを忘れない

「我が弟の命が奪われるなどとは、思いもしなかった」と、君は嘆くかもしれない。
大事な人のこととなると、こんなふうに我々は思い込みに惑わされ、人の命のはか

51）コルドゥスが罪を問われた歴史書とは、紀元前40－30年代に起きた、ローマ内戦を扱う内容だった。
52）ストア派の宇宙観では、数千年に一度「世界焼尽（ekpyrosis）」と呼ばれる大火災が起こり、地球を滅ぼす、と考えられていた。セネカはこの教説に独自の解釈を加えて、大洪水によって地球が崩壊する、という表現をすることがある。

なさを都合よく忘れてしまうものだ。

自然の摂理が、死について例外を設けたことなど一度もない。

有名無名を問わず、毎日のように誰かの葬列が目の前を通り過ぎてゆくというのに、我々はほかのことに気をとられて**「いずれは起こる」と常々言われてきたことを、まるで青天の霹靂《へきれき》のように受けとめる。**

神のありがたい計らいによって、与えられた場所を去ることに、人は文句を言う。それは、運命そのものが不当だからではなく、我々の心が卑しく歪んで、欲が尽きないせいなのである。

息子の死を知らされてもなお、物事の道理を忘れることのなかったある人は、偉大な人物に似つかわしい、こんな言葉を述べた。

いわく「あの子がいつか死ぬことは、あの子が生まれたときに悟っていた」。[…]

つまり、我が子の死は驚きに値しない、と言ってのけたのである。

わたしたちは「何のため」に生まれてきたのか?

人の一生とは、死に向かう旅路にほかならない。

ならば、誰かが命を落としたとして、何を驚くことがあるだろう。

「あの子がいつか死ぬことは、あの子が生まれたときに悟っていた」

この後には、さらなる叡智を感じさせる、深淵な言葉が続く。

「わたしが、あの子を抱き上げて育てたのは、そのためでもある[53]」


我々も皆、そのために育てられたのではあるまいか。

この世に生まれた者には、死が約束されている。

与えられたものを自らの喜びとし、それを返すよう求められたときには、元のところへ返そうではないか。

運命の女神は、1人、そしてまた1人と、順々に捕まえてゆき、けっして、誰も見落とさない。戦いに備えて気を引き締め、己の定めを恐れず、たえず、不測の事態を待ち受けておこう。［…］

53）ラテン語の「sustuli」には「子をもうけ育てる」「抱き上げる」という意味があるが、古代ローマには、新生児を抱き上げて父親であることを公的に示す、儀式的な慣習があった。

最期の時は、人によりさまざまである。道半ばにして人生に見放される者もいれば、始まったばかりの命を奪われる者もおり、そうかと思えば、老いの極みに達して、くたびれ果てて、死を願いながらようやく逝かせてもらえる者もいる。**それぞれが、それぞれの時宜に、1つのところへ向かってゆく**のである。はたして、人の命のはかなさに目をつぶる者が愚かなのか、それとも、死を拒む者が分をわきまえていないのか。わたしにはわからない。

［『ポリュビウスに宛てた慰め』11・1－4］

セネカは、ストア派の哲学を主な信条としていたが、エピクロス派の原子論にも関心を寄せていた。

セネカの文章のなかには、エピクロス派の言説を思わせる箇所がいくつかあり、たとえば「人間の肉体を構成する要素は不滅であり、肉体が朽ちた後には、ふたたび別の物質を構成する」という考えに触れた以下の1節も、その例の1つである。

人は死んだら「どこ」へ行くのか？

万物の移り変わりには、定められた時期がある。すべては誕生し、成長し、やがて朽ちる。

我々の頭上を流れている天体も、盤石さを疑いもせずに踏みしめて支えにしている大地も、いずれ滅びてゆく。古びぬものはない。

かかる時間はそれぞれだが、自然の力が、万物を1つの終焉へと追いやる。存在するものは、いずれ存在しなくなる。**消え去るのではなく、分解される**のである。

しかし、我々の目に、死は単なる消滅としか映らない。近くのものしか見えていないからである。

精神が鈍っているか、肉体の言いなりになっているために、はるか遠くまで見渡すことができないのだ。

生と死もまた、森羅万象のごとく、交互に繰り返されている。創造から破壊へ、破壊から創造へ、という営みのために、神がたえず、その御業《みわざ》で宇宙を導いている。

このことに思い至れば、自分の死や近しい者の死を、我々はもっと堂々と受け入れられるはずだ。

あのマルクス・カトーのように、はるかなる時の流れに思いを馳せれば、きっと、こんな言葉が口をついて出てくることだろう。

「今生きている者も、これから生まれてくる者も、人は皆、死を宣告されている。栄華をきわめ、異国にその力を知らしめている都市もまた、1つ残らず、破滅の道をたどる。

いつか、人は問うだろう。あの街は、いったいどこに消えてしまったのか、と。戦《いくさ》で滅びる都市もあれば、怠慢や、無気力へと姿を変えた平和のせいで、衰退してゆく都市もある。贅沢《ぜいたく》は、強大な権力さえもおびやかす。肥沃な大地もまた、急に押し寄せる波に覆い尽くされるか、地面が沈んで突如あらわれた、深い孔に引きずり込まれるだろう。

すべてのものに訪れる終焉よりも、わずかに早く旅立つだけだというのに、悲しんだり、腹を立てたりする理由が、どこにあるだろうか？

偉大な精神たるもの、神の意志に従い、宇宙の決めごとを進んで受け入れねばならない。そうすれば、命はよりよきところへ解き放たれ、はるかに澄んだ穏やかな光のもとで、神々しき存在とともにいられるだろう。少なくとも、災いとは無縁のままいられるはずである。

それこそが、**自然と融《と》け合い、1つの全体に還ってゆく、ということ**である」

［『倫理についての書簡集』書簡71・第13－16節］

「死は、至るところに潜んでおり、いつ訪れてもおかしくない」という考えを不穏に感じる人もいるだろう。しかし、セネカはこのような考え方に「自分の力がおよばないことについて、無意味に恐れるのはよそう」という、精神的な安らぎを見出したのである。最後に紹介する、友人ルキリウス宛の2通の書簡からは、こうしたセネカの思索をたどることができる。

1つめの書簡は、60代のセネカが死の直前に残した『倫理についての書簡集』からの1篇である。2つめは、同じくセネカの死の1～2年前に書かれた作品で、地球の自然現象を分析して論じた『自然研究』からの1篇である。

多くの人間は「死に方」を知らない

じきに君も理解するだろう。

大きな恐怖を与えるがゆえに、逆に、恐れるに値しないものがある。それが最後になるなら、どんな災いも大したことはない。

死は君に迫ってくる。ずっとつきまとわれるなら恐ろしいが、死は、君を見逃して素通りするか、さっさと君を連れてゆくか、のいずれかである。

君はこう言うだろう。

「自分の命を、取るに足らないと思えるほど、精神を高みに導くのは難しい」と。

しかし、人がどれほどくだらない理由で、自分の命を軽んじているか、見てみるがいい。

愛人の家の前で、首をくくった者もいれば、主《あるじ》の怒鳴り声に耐えかねて、屋根から身を投げた者もいる。脱走した後に、捕まることを恐れて腹に剣を刺した者もいる。

不安を理由に成し遂げられるようなことが、勇敢さによって成し遂げられないはずがない。そうは思わないか？

長生きすることばかり考えている者や、執政官をつとめた回数を幸福のうちに数えているような者の人生には、終始不安がついてまわるだろう。

穏やかな心で人生を後にできるように、日々思い返すといい――**激流にのみ込まれた者は、棘《とげ》の生えた草木や岩肌さえも、必死でつかもうとするが、それと同じように人生にしがみついている人間が、いったいどれほどいることか。**

ほとんどの人間は、死の不安と、生きる苦しみのあいだを哀れに漂い、生きようともせず、かといって、死に方もわからずにいるのだ。

「生きる喜び」を感じるために手放すべきもの

生きる喜びを感じるには、死の不安を手放さねばならない。

どれほど貴いものも、失う覚悟を持ち合わせていなければ、ありがたみを感じることはできないのだ。

一度死んでしまえば、人生を惜しむことさえできないのだから、命ほど手放すのが簡単なものはないだろう。どれほど大きな権力を持つ者であろうと避けられない出来事に備えて、自分を奮い立たせ、心を強く持とう。

　あの、ポンペイウスの首の行く末を決めたのは、ほんの小さな子どもと宦官《かんがん》だった。クラッススにとどめを刺したのは、非情で傲慢なパルティア人だった。カリグラは義兄のレピドゥスに向かって、その首をただの護民官のデクステルに差し出せと命じ、自らも最期は皇帝親衛隊のカエレアの手に落ちた。[54]

運命を突き進む者は、希望を約束されると同時に、危険にもさらされる。


　今のところ、穏やかな航海だからといって、油断してはいけない。海は一瞬のうちに荒れるものだ。楽しく遊んでいた船が、日も変わらぬうちに、波にのみ込まれることもある。

　ただの盗人であっても、敵兵であっても、君の喉元に剣を突きつけることができるのだ、と思っておくといい。**権力者は言うにおよばず、奴隷でさえも、君の命を握っている**のだ。

　襲撃にせよ、策略にせよ、身内の裏切りによって、自分の家で命を落とした者を思い浮かべてみたまえ。手下の恨みを買って殺された者の数は、君主に憎まれて殺された者の数にも引けを取らないことがわかるだろう。

どんな身分の人間でも君の命を狙えるなら、いったいどうして、相手の地位を気にして恐れる意味があるだろうか。

君が敵軍につかまったとしよう。君を捕らえたやつらは、君を連れて行け、と命じるだろう。――その行先とは、言うまでもなく、すでに君自身が向かっていたところである。


なぜ、君は自らを欺《あざむ》いて、これまで背負い続けてきた運命に、たった今気がついたような振りをするのか。

はっきり言おう。

君は生まれたときから、たえず死に向かって引きずられてきたのである。


〔『倫理についての書簡集』書簡4・第3－9節〕

54）グナエウス・ポンペイウスは、当時10代だったエジプト王プトレマイオス13世と、その側近の宦官による命令で打ち首にされた。マルクス・リキニウス・クラッススは、カルラエの戦いに敗れた後、パルティア軍との交渉中に、敵兵によって殺された。カリグラ（俗称。セネカ自身はガイウスと表記している）は、義兄レピドゥスや、政敵とみなした者を死刑にしたが、最期は皇帝親衛隊のカエレアに暗殺された。

地震によって気づかされた「死への恐怖」

我が親愛なるルキリウスよ、カンパニア地方の名高き街ポンペイが、地震で壊滅したと聞いた。[55]

近隣の地域も、激しい揺れに襲われたらしい。それも、冬の日に――この季節に地震の恐れはないと、先人たちはいつも言っていたのに。[…]

まずは、怯えている人々を安心させて、尋常ではない不安を取り除かねばならない。しかし、ほかでもないこの大地が激しく揺さぶられ、何よりも盤石なはずの地面が崩れかけているこの状況で、いったい何を「十分に安全だ」と言えるだろうか？

あらゆるものの土台となり、地上でただ1つ揺らぐことのない大地がうねり、不変不動という特性を失ったなら、どうやって、不安をしずめればよいのだろうか？

恐怖の原因が、この世の最も深いところから生まれ、地の底から這《は》い出てくるなら、この身はどこへ逃げ込めばよいだろうか？ […]

行き場のない不安な心は、（救いを、とまでは言わずとも）いったい何を拠《よ》りどころとすればよいだろうか？

わたしは問いたい。

信頼に足るほど強固なものとは、いったい何なのか？　人や自分を守り抜けるほど揺るぎないものが、はたしてあるのか？

敵兵ならば、城壁によって防げる。

大軍が迫ってきても、高く切り立った砦《とりで》ならば、侵入を食い止められる。

嵐が襲ってきても、港が人間を助けてくれる。

滝のように降りそそぐ雨も、屋根がはね返してくれる。

荒れ狂う炎は、逃げ惑う人々を追いかけたりしない。

落雷のような空からの脅威は、洞窟や、地中に掘った逃げ場に隠れれば、避けられる（空から降ってくるあの炎は、地面のわずかな抵抗で弱まるため、地中を突き抜けることはない）。

疫病がはやれば、住む場所を移せばよい。

どんな災いにも、逃れる道はある。いまだかつて、稲妻が民族を丸ごと焼き尽くし

55）紀元63年もしくは64年にカンパニア地方を襲った地震のこと。その後79年に、ポンペイやヘルクラネウムの街を火砕物で埋没させた、ヴェスヴィオ火山の大噴火の前兆とされる。

たことなどない。荒れ狂う天候が都市を疲弊させたことはあっても、壊滅させたことはない。

ところが、この地震という災いだけは、別である。

その被害は広範囲にわたり、人々はそこから逃げることもできず、国土全体が、これでもか、というほどの打撃を受ける。

家や家族や街はおろか、民族や地方までもが、丸ごとのみ込まれる。一瞬のうちに、すべてが瓦礫で覆い尽くされ、地の底に引きずり込まれてゆく。

それまで存在していたものの痕跡は、何1つ残らない。かつて、ひときわ名を馳せた街があった場所には、ただの地面が広がるばかりで、人がそこで暮らしていたとは思えないだろう。

我が家もろとも、地の底へ引きずられてゆく。まだ生きている者を地上に残して、自分も生きたまま、落ちてゆく。

地震によって、このような死を迎えることを、ひときわ恐れている人も少なくない。あたかも、人によって運命の終わりが異なる、とでも思っているかのようだ。

本当に「安全な場所」はどこにある？

しかし、公平さを重んじる自然の摂理において特に重要なのが、この、**世を去るときには誰もが同じ条件下にある、**ということである。

わたしが、石つぶてに打ち殺されようとも、山に押し潰されようとも、そこに違いはない。

1軒の家の下敷きになり、瓦礫の重みと、舞いあがった土埃《つちぼこり》によって息絶えようとも、地球が丸ごとわたしの頭に覆いかぶさってきて、生き埋めになろうとも、太陽の降りそそぐ場所で往生しようとも、大きく割れた地面の底で事切れようとも、たった1人で落ちてゆこうとも、多数の人が道連れになろうとも、同じである。

周囲がどれほど騒がしくても、わたし自身の死には無関係なのだ。

いかなる状況でも、死は、1つの死にすぎない。

だからこそ、避けることも、予測することもできないこの地震という災いに対して、心を強くもとうではないか。

カンパニアの地を見捨てた者や、これを機に別の土地へ移った者、あそこには二度と近づきたくない、と言う者たちに、耳を貸すのはよそう。

ここの土地のほうが、あそこの土地よりも地盤がしっかりしている、などと、いったい誰が保証できるのか？

どの場所も、同じ運命の下にあり、これまでなにごともなかった土地が、地震に襲われる可能性もある。

今、君が立っている「安全な」その場所だって、今夜、もしかすると昼間のうちにでも、引き裂かれるかもしれない。

運命の女神が、すでにその力をふるって破壊したところや、瓦礫で足場が固められたところのほうがましかもしれないのに、いったい君に確かなことがわかるのか？

要するに、ある場所が地震の危険をまぬがれている、と考えること自体が、誤りなのである。

地上全体が1つの摂理の下にあり、自然が創り出したものに、不変不動のものはない。今この瞬間に滅びるものもあれば、別の瞬間に滅びるものもある。

大きな街では、たえずどこかの家屋が倒壊しているが、地球も、それと同じなので

ある。［…］

「死への恐怖」を取り去るたった1つの考え方

ところで、いったいわたしは何を語っているのだろう。めったに起こらない災いに対する、恐怖をやわらげなくては、と言ったのに、気がつけば、いつどこで襲ってくるかわからない災害を、警告するような話をしている。

［…］

次の詩の1節は、突如として、戦火と敵兵に囲まれて、呆然《ぼうぜん》としている人々に向けられた言葉なのだが、人間全体に向けられた言葉だと思って、読んでみてほしい。[56]

一切の救いを期待せぬこと
それが敗れし者に残された唯一の救いである

56）ウェルギリウスの『アエネイス』（2巻354）より。「戦火と敵兵（に囲まれて）」とは、陥落するトロイアの様子を指す。

なにごとに対しても恐れを抱かずにいたければ、まずは、この世のすべてを脅威と考えてみるといい。

まわりを見てみたまえ。いかにささいなものが、身の危険を招き得ることか。食べ物、飲み物、夜更かし、睡眠、いずれも限度を超えれば、体に毒となる。**我々は実にちっぽけな存在で、わずかな力でも打ちのめされてしまうほど、脆《もろ》くて壊れやすい、**ということは、君にもすぐわかるはずだ。

「地震こそが、人間にとって、唯一の脅威だ！　大地が突然揺れて、すべてをのみ込んでしまうのだから！」

——稲妻や地震、地割ればかりに怯える者は、自分のことをさぞかし頑丈な存在とでも思っているのだろう。その肉体のはかなさに気がつき、鼻風邪を恐ろしいと思うこともあるまい。[57]

「五体満足の恵まれた体で生まれた上に、これほど強く大きく育ったのだ。地震が襲うか、雷が落ちるか、地面が沈みでもしない限り、まさか、死ぬはずがない！」

ところが実際には、指先の小さな爪の痛み、それも爪全体でなく、横に少し飛び出たささくれの、わずかな裂け目の痛みにさえ、我々は悶《もだ》え苦しむ。

喉につまった痰《たん》で窒息するかもしれないわたしのような人間が、地震に怯えている場合なのだろうか？

飲み物をうっかり気管につまらせて死んだ人間もいるというのに、波が海底から突き上げられ、大量の水とともに襲ってくることまで心配せねばならないのだろうか？

一滴の水で死ぬこともある、と知っていながら海を恐れるのは、実に不毛である。

「運命」はいつもあなたの味方である

結局のところ、死という運命を受け入れることが、何よりも、死の恐怖をやわらげてくれるのだ。

自分の内側にも、数え切れないほどの危険が潜んでいるという事実が、あらゆる外的な危険に対する不安を、最もしずめてくれる。

落雷の轟《とどろき》を聞いて、地面に伏せたり、稲妻の閃光《せんこう》を見て、地下へ這って逃げたりすることほど、滑稽なことがあるだろうか？

57）痰が気管につまって死ぬ可能性がある、ということ。

地震や急な山崩れに怯え、海岸を越えて押し寄せてくる波を恐れることよりも、浅はかなことがあるだろうか？

死は、我々のすぐそばで、今にも襲いかかろうとして、待ち構えている。どれほどささいなものにも、人間を滅ぼすのに十分な力がある。

災害で死ぬほうが、普通に死ぬよりも大きな苦しみを味わうかのように、うろたえてはいけない。

むしろ、逆に考えるべきだ。

誰もがいつかは、この世を去ってゆく定めなのだから、大がかりな死に方で往生できるなら、ある意味、喜ばしいのではないか。

死は、いずれどこかで、必ず訪れる――。

なるほど、今のところ大地は激しい力に揺さぶられることなく、いつもの静けさを保っている。しかしいつかは（埋葬のために）わたしの体を、すっかり覆ってしまうのである。

わたしが望んで、自分の上に土をかけるのと、大地のほうからわたしに降りかかってくるのと、はたして違いはあるのだろうか？

大地が未知なる怪力によって引き裂かれ、破壊され、わたしをはるか地の底へと引きずり込んでゆく。いったいそれが何だというのか？　平らなところで死ぬほうが、苦しまずにすむ、とでもいうのか？

わたしがつまらぬ死に方をしないようにと、自然がわざわざその一部を持ち上げてわたしにぶつけてくれるのなら、泣き言などは言えまい。

友人のウァゲルリウスは、かの有名な詩のなかで、見事にこう言い表している。

落ちて死にゆく運命《さだめ》なら
天から落ちて　わたしは逝きたい

この表現を借りて、こうも言える。

「落ちて死にゆく運命なら、砕け散る大地を道連れにしてわたしは逝きたい」

――国に災いが振りかかればよい、というのではない。しかし、自分が死にゆくときに、地球もまた同じ道をたどるならば、これほど心強いことはないだろう。

［『自然研究』第6巻1・1－2・9］

「哲学」を貫いて死ぬ

エピローグ

プラトンの対話篇『パイドン』には、ソクラテスの死が克明に記されているが、死の間際にも平常心を失わなかったこの哲学者のことを、セネカは非常に高く評価していた。

紀元65年、それまで重ねてきた哲学的な思索を実行に移す機会が、ついに、セネカ自身にも訪れる。かつての教え子であり、友人でもあったネロが、陰謀計画の共犯者として、セネカに自殺を命じたのである。

死ぬ直前のセネカの様子については、ソクラテスの場合と同じように、その場に立ち会った弟子たちが書き残していた。その記録は散逸してしまったが、以下に紹介するタキトゥスの歴史書『年代記』のなかで参照されている。

セネカの最期は、けっして穏やかなものではなかった。その様子を伝えるタキトゥスの口調もまた、ソクラテスの死をたたえるプラトンの語り口と比べると、必ずしも肯定的とは言えない。

生涯にわたって考え続け、心に思い描いてきた死を、はたして、セネカは遂げることができたのだろうか。その判断は、読者一人ひとりにゆだねたい――。

自殺を命じられたセネカが貫いた「哲学」

（ネロの命令により）セネカのもとへ送られた百人隊長が「最期の時が迫っています」と告げた。

セネカは、顔色1つ変えずに遺書を持ってくるよう求めたが、百人隊長は許可しなかった。

するとセネカは、友人たちのほうを向いて言った。

「君たちに、感謝の意を示すために遺書を用意していたが、手にすることを禁じられた。代わりに、わたしにただ1つ残された、最も美しいものを贈るとしよう。

それは、わたしがこれまで生きてきた姿である。

記憶にとどめておけば、かたく結ばれた友情の証となり、よき人としての名声を君たちにもたらすだろう」［…］

セネカは妻のパウリナを抱きしめると、それまでの毅然とした態度から、少しやわらいだ様子になった。それから妻を諭し、なだめた。

「その悲しみをしずめて、一生背負って生きることのないように努めなさい。亡き夫を恋しく思うときには、徳のために生きたわたしの人生を思い出して、それを栄《は》えある慰めとすればいい」

ところがパウリナは、自分も死ぬ覚悟だと言って、手を貸す者を呼ぶよう求めた。

セネカもまた、妻と名誉の死を分かち合うことに、反対しなかった。

自分に誠心誠意尽くしてくれた妻を、1人残して危険にさらしたくない、という愛情もはたらいたのだろう。

「おまえには、生きる喜びを教えてきたが、ここで誇り高き死を選ぶと言うのなら、その見事な決断を、邪魔したりはしない。この立派な最期をともに貫けば、おまえの死は、いっそう輝かしいものになるだろう」

セネカがそう言った後、2人は同時に、腕の血管を切り開いた。

セネカの老いた体は、節食により痩せ衰えていたため、血の出が悪かった。そこで彼は、足首と膝裏の血管も切り開いた。

セネカは激しい痛みに力尽きそうになりながらも、自分の苦しむ姿を見た妻が途中でくじけないように、そしてまた、妻の悶え苦しむ様子に自分が耐え切れず、我を失わないように、妻を別室に移させた。

常に「備えて」いた自らの最期

最期の時は刻々と近づいていたが、セネカの頭には、なおも言葉が尽きることなく浮かび続けた。そこで書記係が呼ばれ、そのほとんどが書き留められた。

セネカは死が長引いてくると、信頼を寄せる友人であり、腕の確かな医者でもあったスタティウス・アンナエウスに、かねてから準備してあった毒薬を用意するよう頼んだ。

この毒薬は、国の裁判で有罪判決を受けたアテナイの人々が、処刑のために飲まされた毒と同じものである。[58]

セネカは運ばれてきた毒を飲んだが、効果はなかった。手足が冷え切っていたため、体に毒がまわらなかったのである。

セネカはさらに、熱湯を張った風呂に入り、まわりにいた奴隷たちに湯を振りかけ

58) ドクニンジンのこと。体を麻痺《まひ》させる毒性を持ち、ソクラテスはこの毒を飲んで絶命した。

ながら「これは解放者ユピテルに捧《ささ》げる酒だ」と言った。[59] それから、浴場の発汗室に運ばれ、蒸気によって息絶えた。葬儀はおこなわれず、遺体は火葬された。遺言で、そのように指示されていたのである。

富も権力も絶頂をきわめていたころ、セネカはすでに、自分の最期に思いを巡らせていたのだった。

［タキトゥス『年代記』15・61―64］

（了）

59）『パイドン』で描かれている、死ぬ直前のソクラテスの姿を彷彿とさせる。ソクラテスは、ギリシア神話の医学の神アスクレピオスに感謝を示すため、捧げ物をするよう求めた。また、古代ローマの最高神ユピテルは、敵から国を守る「解放者」の異名でも呼ばれていたが、ここでセネカが「解放者ユピテル」と言っているのは、これから迎える死によって、魂が肉体から解放されることを意味している。

訳者あとがき

――天瀬いちか

「あなたの理想の死に方は？」

こう訊かれて、すぐに答えられる人はどれほどいるのだろう。

美味《おい》しい食事をして、満たされた気分で死にたい。

家族や友人に見守られながら、笑顔でこの世を去りたい。

一人きり、安らかな気持ちで生涯を終えたい。

愛する人の腕のなかで息絶えたい。

どうせ死ぬのなら、代わりに誰かの命を救って死にたい……。

「理想の死」は、おのずとその人の生き方を映し出す。それでいながら、人はこの鏡を伏せて置いたままにしがちである（「死ぬ時のことを考えても意味がないから一切考えない」

という場合も、やはり、そこには1つの人生観が表れている)。

最近では「終活」「死ぬ権利」という言葉が広まり、スイスなどの国々での、安楽死に関する情報を目にする機会が増えてきたものの、自分の死に際を想像する、ましてやそれを誰かと語り合う、というのは、日常の一部とは言い難い。


現代から遡ること約2000年。古代ローマの哲学者セネカは「常に死を学べ」という自らの教えの通り「死」というテーマに果敢に挑み続けた。

セネカの死に対する考え方は、古代哲学の流派の1つ「ストア派」に大きく影響を受けている。

ストア派は、日本語でもよく使われる表現「ストイック」の語源でもある。ストイックというと、歯を食いしばった修行僧のようなイメージがあるかもしれない。しかし、本書を読めばわかるように、ストア派の思想とは、禁欲や我慢を理想にかかげた単なる生活信条ではなく、確固たる宇宙観にもとづいて、その一部分としての役割を日々体現していこうとする、ある意味でスケールの大きな思想なのである。

日本の読者のなかには、セネカが熱く語る「美徳」という考え方に、親近感を覚える人もいるだろう。

地震や津波といった、自然災害の描写に、自身の経験を重ねる人も多いのではないかと思う。

毅然としたセネカの口調を、突き放した冷たい物言いに感じる人もいれば、人生の真理をついた格言だ、と膝を打つ人もいるだろう。

「理想の死」と同じように、本書のセネカの文章もまた、読む人によって、表情を変え、一人ひとりを鏡のように映し出すのである。


訳者としては、古代ローマ時代にラテン語で書かれた文章を、英語を介して現代の日本語に紡ぎなおす難しさを大いに感じた。

ただそれ以上に「常に死を学べ」という、一見すると近寄り難いセネカの思考を、紐解きながらたどってゆく、知的興奮のほうが大きかったように思う。

誰もが避けたがることを語れば、当然、顔をしかめたり、眉をひそめたりする人があらわれる。

しかしその一方で、閉ざされていた思考回路が解放されることに、救いを感じる人もいる。

「生と死は1つであり、よりよい人生は、死を見つめることから始まる」というセネカの教えは、それに共感する者にとって、まさしく賢人の言葉として、強く響くのである。


本書は、数あるセネカの作品のなかから死について書かれた箇所を、わかりやすい英語を用いて再編集・翻訳した『How to Die: An Ancient Guide to the End of Life』を日本語に訳したものである。

プリンストン大学出版局（Princeton University Press）より「Ancient Wisdom for Modern Readers（哲人に学ぶ人類の知恵）」シリーズの1冊として刊行された。

HOW TO DIE

by Seneca, selected, edited, translated and introduced by James S. Romm

Copyright © 2018 by Princeton University Press

Japanese translation published by arrangement with Princeton University Press

through The English Agency (Japan) Ltd.

著者

セネカ（Seneca）

ルキウス・アンナエウス・セネカ（Lucius Annaeus Seneca）。紀元前4年頃（紀元前1年とも）〜紀元65年。古代ローマのストア派の哲学者。父親の大セネカ（ルキウス・アンナエウス・セネカ）と区別するため、小セネカ（Seneca the Younger）とも呼ばれる。ローマ帝国の属州ヒスパニア・バエティカ属州の州都コルドバで生まれ、カリグラ帝時代に財務官として活躍する。一度はコルシカ島に追放されるも、クラウディウス帝時代に復帰を果たし、後の皇帝ネロの幼少期の教育係および在位期の政治的補佐をつとめる。やがて制御を失って自殺を命じられることとなるネロとの関係、また、カリグラ帝の恐怖の治世といった経験を通じて、数々の悲劇や著作を記した。本書はそのなかでも「死」との向き合い方について説いた8つの作品がもとになっている。

編者

ジェイムズ・ロム（James Romm）

バード大学のJames H. Ottaway Jr. 古典学講座教授。本書の編者および原書英訳者であり、『セネカ 哲学する政治家（Dying Every Day: Seneca at the Court of Nero）』（白水社）の著者でもある。New York Review of Booksや、Wall Street Journalなどにも寄稿してきた。ニューヨーク州バリータウン在住。

訳者

天瀬いちか（あまがせ・いちか）

国際基督教大学卒業。広告業界に勤務の後、パリ第八大学にて哲学を学ぶ。現在はフリーの翻訳者として映像・出版翻訳を手がける。

2000年前からローマの哲人は知っていた
死ぬときに後悔しない方法

2020年6月9日　第1刷発行

著　者　セネカ
編　者　ジェイムズ・ロム
訳　者　天瀬いちか

装　丁　重原隆
本文デザイン　高橋明香(おかっぱ製作所)
校　正　株式会社ぷれす
翻訳協力　株式会社アメリア・ネットワーク
編　集　平沢拓・関美菜子(文響社)
カバー写真　©akg-images/アフロ

発行者　山本周嗣
発行所　株式会社文響社
〒105-0001
東京都港区虎ノ門2-2-5 共同通信会館9F
ホームページ　https://bunkyosha.com
お問い合わせ　info@bunkyosha.com

印刷・製本　中央精版印刷株式会社

ISBN978-4-86651-229-7

この本に関するご意見・ご感想をお寄せいただく場合は、郵送またはメール（info@bunkyosha.com）にてお送りください。